Chinoiserie

中国风
贸易风动·千帆东来

[美]张错 著

生活·讀書·新知 三联书店

Simplified Chinese Copyright © 2022 by SDX Joint Publishing Company.
All Rights Reserved.
本作品中文简体版权由生活·读书·新知三联书店所有。
未经许可，不得翻印。

图书在版编目（CIP）数据

中国风：贸易风动·千帆东来 /（美）张错著. —
北京：生活·读书·新知三联书店，2022.8
ISBN 978-7-108-07285-6

Ⅰ. ①中… Ⅱ. ①张… Ⅲ. ①中华文化—文化传播—
研究—欧洲 Ⅳ. ① G125

中国版本图书馆 CIP 数据核字 (2021) 第 197928 号

著作财产权人：©艺术家出版社
本著作中文简体字版由艺术家出版社许可生活·读书·新知三联
书店有限公司在中国大陆地区发布、散布与贩售。版权所有，未
经著作财产权人书面许可，禁止对本著作之任何部分以电子、机
械、影印、录音或任何其他方式复制、转载或散播。

责任编辑　陈丽军
封面设计　有品堂＿刘　俊　张俊香
出版发行　生活·讀書·新知三联书店
　　　　　（北京市东城区美术馆东街 22 号）
邮　　编　100010
印　　刷　上海丽佳制版印刷有限公司
版　　次　2022 年 8 月第 1 版
　　　　　2022 年 8 月第 1 次印刷
开　　本　720 毫米 × 1000 毫米　1/16　印张 13
字　　数　64 千字　插图 198 幅
定　　价　98.00 元

目 录

导言

中国风与丝绸　　　　　　　　　　　　　　　　　1

第一章　西方海上霸权、殖民主义、东印度公司　　19

第二章　西方启蒙运动、洛可可、中国风　　　　　35

第三章　中国风与东方想象　　　　　　　　　　　69

第四章　印度花布与壁纸　　　　　　　　　　　　93

第五章　另一种写实中国风：钱纳利与亚历山大　　119

第六章　从东方想象到东方印象
　　　　——林官、廷官与《中国服饰》　　　　　151

第七章　谁是史贝霖？一个广州外销画家身份之谜　185

后记

中国风动・幡然醒悟　　　　　　　　　　　　　　199

导言

中国风与丝绸

一

中国风（Chinoiserie）一词是法文，专指17世纪欧洲对中国狂热想象而重复出现的一种艺术风格。它本来含义有点像英文的阿拉伯风（Arabesque），只不过没有China-esque这个英文字，同时不止英国，而是全欧洲都接受了这股从法国皇帝路易十四开始带动的东方品味的艺术浪潮。

但是夸张且带强烈丰富中国想象暗示的艺术装饰风格，不能尽归之于中世纪欧洲旅人带回的光彩夺目的中国瓷器，或是17、18世纪东印度公司输入的中国青花瓷或日本漆艺。17、18世纪，这股浪潮在欧洲掀起最高点，而且广泛涉及国家如葡萄牙、西班牙、法国、英国、荷兰、瑞典、意大利等当年的海上霸权，但就像当代英国艺术史学者昂纳（Hugh Honour）在《中国风》（*Chinoiserie-The Vision of Cathay*, 1961）一书内强调的，中国风是一种欧洲风格，应该从欧洲本位出发研究，他视其为中世纪到19世纪的西方艺术家与工匠们看待东方及对它的想象，而不是像一般汉学家视它为模仿中国艺术的低能尝试（"For chinoiserie is a European style and not, as is sometimes supposed by Sinologues, an incompetent attempt to imitate the arts of China."）。

昂纳上面这番话说得好，把中国风放在适当的文本（proper context）。他本人亦坦诚招认，西方对东方的认识是很模糊的，像他小时候，每天在餐盘上的杨柳青花纹饰（willow pattern，他家中当是用老招牌转印瓷Caughley，Copeland-Spode，Wedgwood，Adams，或Davenport的青花瓷具）看到蓝天白云、亭台楼阁，以及传说中一双年轻情侣幻变成天上比翼飞翔的燕子。他在童年参加化装聚会时也会装扮成身着丝绸、头戴草笠、后挂一条辫子、贴上两片八字胡须的中国官人。看到家中或别人家里摆设的瓷器、漆具，也会被告知所有这些都是来自遥远的东方，心中以为这就是中国或东方了。待长大后知道很多都是欧洲仿造，但童年对神秘中国种种形象依然清晰如新，足见中国风在西方影响力之强。

杨柳青花转印瓷盘（上图）、杨柳青花转印茶叶瓷罐（下图）

《革命女儿》，1932年，手持杨柳青花转印瓷杯，油画，美国油画家伍德

昂纳引用的18世纪英国散文、小说家奥立佛·哥尔斯密斯（Oliver Goldsmith，1730-1774）《世界公民》（*The Citizen of the World*，原名 *Chinese Letters*，《中国人信札》，1760）一书内，虚构了一个在伦敦游历的中国河南人梁济（Lien Chi Altangi），把他在伦敦所见所闻写成书札寄回给北京一个礼部尚书，以中国人的眼光看待英国政治、司法、宗教、道德、社会风尚，并进行批评。书内有一封信函描述梁济被一名英国贵妇邀请去她宅院花园观赏一座中国神庙。梁济一看，简直被眼前的景象吓呆了，顾不得什么上国礼仪，就这般回答："夫人，我什么都没看到……这中国神庙大概也不能称为埃及金字塔，因为这小玩意也是风马牛。"由此可见中国风与中国文化的差异。

二

就像中国在西方被称呼为"瓷国"（China），中国在汉朝因与罗马借丝路中东商旅的交通运输，开始以丝及瓷器进入罗马帝国，而被罗马以拉丁文称呼为"丝国"（Serica），中国或中国人就叫"Seres"，这个字其实取自希腊文,应该就是从汉音转化的"丝"（Ser）字。公元97年（汉永元九年），汉朝名将班超曾试派遣甘英出使大秦，但由于在中亚安息帝国（Parthian Empire，公元前247年至公元224年）受到阻挠，甘英没有成功。其实，甘英出使的"大秦"可能是今日的叙利亚，与罗马还差一个地中海之遥。

楼兰出土丝刺绣

汉朝与罗马帝国通过陆地丝绸之路进行商业贸易，汉朝出口精美的丝绸去罗马，罗马则以玻璃器物输入中国。汉朝与罗马之间的丝绸贸易，使罗马人开始狂热追求丝织制品。

但是汉朝与罗马之间并没有直接贸易联系，1世纪末、2世纪初的大月氏贵霜帝国（Kushan Empire）等中亚国家扮演了中介角色，以便从东西两大帝国的贸易中赚取利润，其中叙利亚首都安提厄（Antioch）更担当重要角色，因为它早在公元前64年被罗马攻陷，成为罗马帝国的一省，与罗马、埃及的亚历山大里亚（Alexandria）为帝国三大城市。叙利亚地理环境特殊，地濒地中海，邻接罗马、波斯两大帝国，无形中就成了东、西两地交通接触要塞，并且是一个工业贸易中心及转口国家。中国纺好的束丝（silk bundles），由叙利亚及波斯等国织成丝绸，图案经常混淆着中亚与中国文化纹饰。罗马的汉朝丝绸，不见得全部就是名副其实的中国丝绸，而应是被加工后运往罗马的丝绸，极富异国情调，包含华夏流行纹饰主题（motif）如龙、凤、孔雀等。

锁绣龙凤纹单衣局部
湖北江陵马山一号楚墓
出土

保守的罗马人对中国丝绸真是又爱又恨，一方面喜欢轻薄柔软光泽的质地，另一方面又心疼大量黄金流失在购买这些如透明蝉翼的丝料。著名罗马政坛元老塞尼卡（Seneca the Young）有一名句："我看到的轻纱，假如你真的可以称之为衣服，简直是衣不蔽体，有失斯文，没有一个女人如此穿着而能信誓旦旦她不是赤条条的。"他又说："这些狡猾妇人费尽心思好让淫妇能在薄纱里若隐若现，就连她的丈夫也不比任何外人或陌生人更熟悉自己妻子的身体。"当然塞尼卡是个雄辩兼幽默大家，但亦可见其卫道时气急败坏之状。据闻埃及艳后克利奥帕特拉七世（Cleopatra）也曾被记载穿着丝绸外衣接见使节，并酷爱丝绸制品。

罗马帝国要到公元550年左右才获得蚕种并发展养蚕技术，据说是几个来自东罗马帝国的僧侣将蚕种放在法杖内，私自从中国带出，辗转到达拜占庭帝国（Byzantium，后来的君士坦丁堡）。其实，最可靠的传说是嫁往于阗（Khotan，即和阗）的中国公主把蚕蛋藏在发饰内，于阗便开始种桑养蚕。斯坦因（Aurel Stein）在中国新疆境内进行考古盗掘时，还在于阗附近的丹丹乌里克（Dandan-oilik）遗址中发现了一块"传丝公主"的供品木画（votive panel）。在这块画板上有一位头戴王冠的公主，旁边有一侍女手指公主的帽子，似乎在暗示帽中藏着蚕种的秘密。

后来养蚕技术辗转西传，拜占庭皇宫庭院设立了蚕室和缫丝机，并发展丝绸制作技术，一般土产丝绸多被皇室成员享用，但剩余材料也能以高昂价格卖到平民市场。公元前500年到公元500年前后所谓的"丝绸贸易路线"（The Silk Trade Routes），就是从中国关外经中亚国家抵达波斯，由波斯入叙利亚出地中海，再抵达西部东罗马帝国。

牛津大学艾许莫林博物馆（Ashmolean Museum）中国艺术部研究员马熙乐（Shelagh Vainker）在她的《中国丝绸文化史》（*Chinese Silk—A Cultural History*，2004，p.60）一书内指出，"丝绸贸易路线"一点也不平静安稳（quite inhospitable），可谓荒凉之地，盗贼

楼兰出土风化后的丝匹

宝相花纹织锦,唐代(上图)
于阗丹丹爱里寺院遗址发现的还愿木版画《传丝公主》局部图,约7世纪,伦敦大英博物馆藏(下图)

如毛。一般所知的南北丝路,是从长安出发,分南北两路绕过塔里木盆地(Tarim Basin)的塔克拉玛干沙漠(Taklamaken desert),北路取天山山脉、哈密、吐蕃、库车(龟兹)、喀什干、撒马尔罕等地;南路取昆仑山脉、于阗,再绕北在新疆南部第一大城喀什库尔干(Kashgar)聚合,或径前往伊朗的木鹿(Merv,今又称马雷Mary,为土库曼斯坦Turkmenistan首都)再重汇合。

另外亦有中路自河西走廊取敦煌进入塔克拉玛干沙漠,再北上吐蕃与库车之间,经楼兰西行。因此,在这三条路线所经地区出土特别多的汉代丝绸,学者亦可在其图案纹饰与后来变化互相比较。但要注意的是,不只是中国丝绸生产不断改进,丝绸路线亦不断因国家、王朝、领土递换而变动,到了17世纪的欧洲丝绢的中国风,与中国晚明入清三代文化观念演变密不可分,正如汉代丝绢构图多有道家思想的阴阳五行、天圆地方,有青龙白虎、朱雀玄武等四灵兽,而16—18世纪的江南丝织、蜀锦、缂丝构图,则不乏山水花鸟、藏传佛教图腾、云龙团凤发展下来的影响。

另一研究"中国风"

花间之龙,11—12世纪,53.5×33cm,纽约大都会美术馆藏

的女学者雅各布逊（Dawn Jacobson）亦指出 17 世纪英国东印度公司除了直接在中国做买卖外，不禁止水手及随船人员携带私货回欧洲市场出售，因而大量丝绸、布料、瓷器、漆器、墙纸……亦出现民间，依然供不应求（Dawn Jacobson, *Chinoiserie*, 1993, 2007, p.21）。早在 14 世纪元朝忽必烈汗国横扫欧洲时，中国丝绸内的龙凤及狮戏图案已为天主教会所袭用，尤其是丝质刺绣的祭衣及背心，点缀着素雅花卉如白色的百合花纹饰，对炎夏酷热做弥撒的教士，无疑是一服轻便清凉的消暑良药。

三

中国本来就是全世界第一个养蚕缫丝、织造丝绸的输出国，长沙"马王堆"一、三号汉墓出土纺织品及衣物一百余件，除少量麻布外，绝大多数为高质量丝线的"绢、纱、罗、绮、锦"，其图案设计雅丽多变，糅合了刺绣、印花、彩绘等工艺。

许多印在绮罗上的三角菱纹（lozenges）几何图形（geometric designs），更是战国工艺风格延续入汉的典型，也会让人想到青铜镜种，几何图形的"战国菱花纹铜镜"。这种镜子以折叠式对称的菱纹，把镜面分成九个菱形区，每区（包括钮座为正中区）内各有一圆形花蕊，四瓣花朵，作十字形展开。近年也有人指出这类菱纹镜子正确应称为"杯纹镜"，因为一般所谓的菱花纹，其实是战国流行的漆耳酒杯纹。所谓漆耳杯，就是两侧有耳的酒杯。马王堆、湖北江陵九店楚墓，都分别出土有战国及西汉初期漆耳杯。后来双耳杯发展成流行图案，出现在楚汉丝织品上，成为菱状形的"杯文绮"。

马王堆一号汉墓出土的丝织绮罗图案，即有烟色杯纹绮、绛色杯纹绮、朱色杯纹绮。至于以菱纹绮罗为底色（工艺术语呼之为"地"，即底下衬托之意），在上面用朱红、棕红、橄榄绿等有色丝线，以锁绣针法，刺绣出流云与凤鸟的图案，被称为"对鸟菱纹绮地乘

对凤纹绫，唐代

三彩印花丝绸，唐代

云绣"。没有凤鸟，就叫"乘云绣"。

有时也会用朱红、棕红、深绿、深蓝、金黄的有色丝线，绣出卷枝花草及长尾燕子的图案。燕为候鸟，定期秋季南迁，春季北归，归期有信。当时的人，把这种刺绣纹样称作"信期绣"。信期绣在长沙马王堆一号墓出土绣品中占了大多数，包括丝罗地信期绣、信期绣丝绵袍、信期绣"千金"围带手套（手套上饰有篆书"千金"两字的围带）。

另外还有一种"长寿绣"，图案由花蕾、叶瓣及变形云纹组成，用的是浅棕红、橄榄绿、紫灰及深绿色的丝线。学者认为这些图案象征长寿，故称"长寿绣"。也有人认为这些花草是古人用来辟邪的茱萸。刺绣图案还包括树纹铺绒绣、四方形棋纹绣、茱萸纹绣。印花方面有印在薄纱上的火焰纹，以及与彩绘结合的敷彩纱。传统若此，难怪湘绣至今盛名不衰。

长沙马王堆汉墓如此轻薄的纱罗从2至4世纪亦唯中国能生产，经由东罗马帝国拜占庭商人输入欧洲，一直要到12世纪意大利把拜

汉代的长寿绣,湖南长沙马王堆一号楚墓出土

荷花纹刺绣袈裟,唐代,绣金线丝织

波斯萨珊王朝正反两面织物——生命树及插翼狮子 伊朗国家博物馆藏

菱纹罗织物，湖南长沙马王堆一号西汉墓出土

占庭织工带往西西里（Sicily），才开始意大利的丝织工业，后又转往意大利西北内陆名镇卢卡（Lucca），而大盛于14世纪的威尼斯。当初这些丝绸都是追随中国汉魏以降的纹饰主题，掺杂着拜占庭强烈的古波斯及伊斯兰纹饰风格。

到了16世纪，中国南方沿海一带城市如广州，已大量出口丝绸到欧洲，基本上用大型商船与瓷器、茶叶及香料一同运载的都是纺好未曾加工的"生丝"（raw silk），到欧洲后曾与本地纺织品构成恶性竞争而被立法禁止入口。据英国纺织学者威尔逊女士（Verity Wilson）指出，当时广州一带已可生产欧洲商人指定纺印的丝绸纹饰，就像外贸瓷的"族徽"（Fitzhugh）餐具一样（*Chinese Export Art and Design*，ed. Craig Clunas et al，Victoria and Albert Museum，1987，p.22），但这类"匹帛"（piece-goods）成品，是指在纺机上已织好或印好图案的成匹丝绸布帛，只占出口成品一小部分。1709—1760年的几十年间，异国情调的纺织品风行一时，但丝织成品从未超过英国入口商品总值的5%，其他大部分当是指陶瓷与茶叶了。据"维多利亚和阿尔伯特博物馆"（Victoria and Albert

Museum）内中国纺织品方面的收藏，许多中国丝织成品都是床盖（bedspreads）或床顶挂帘。出人意料，还有大量宗教弥撒仪式穿着的绣花或绘花丝织祭服、覆盖圣杯圣餐的布块，都是当时中国出品的丝织精品。

1780年圣杯盖布及圣餐盖布

18世纪丝质弥撒祭衣物

18世纪耶稣会神父丝质长背心

第一章

西方海上霸权、殖民主义、东印度公司

东西两大文化的接触互动与航运及贸易密不可分，而航运在欧洲国家海上霸权的兴起与竞争更互为表里。芝加哥大学著名世界史（universal history）学者麦克尼尔（William H. McNeill，1917-）在其名著《西方的兴起》（*The Rise of the West*: *A History of the Human Community*，U. of Chicago Press，1963，revised edition，1991）中一直强调西方本位主义的弊病，未能融入世界文明发展。欧洲史不应该是意大利史、德国史、法国史及其他，而是世界文明史相关的一部分，史宾格勒（Oswald Spengler，1880-1936）所谓《西方的衰落》（*The Decline of the West*，abridged ed. Oxford paperback，1991），罗马、希腊西方古文明相继衰亡，就是因为史家把西方古文明看成一个个别、独立的个体发展，虽然史宾格勒同样把历史看成有机体，但是他的有机历史是个体春夏秋冬四季的盛衰，由旺盛的生命到衰老的死亡。麦克尼尔的看法刚刚相反，没有一个国家的历史是独立的，只有和其他国家种族融合（fusion）发展出来的大历史，才是全面的历史。西方欧洲史蓬勃充满生机就是因为国家不断扩展融合外来文明，因此，"西方的兴起"就是书名副题的"人类共同体的历史"（A History of the Human Community）。

麦克尼尔在另一本《欧洲史新论》（*The Shape of European History*，Oxford UP. 1974）又特别提出公元1500年前后，是欧洲海上霸权扩充的关键年代。由于早期意大利人对航海技术及武力设备不断研究改良，曾经一度称霸于地中海，但曾几何时，西班牙与土耳其相继崛起，使意大利退缩入北部内陆的本土范围。贯通东西半球的地中海世界，就落在西班牙与土耳其鄂图曼帝国手上了。就欧洲文化现象而言，意大利退居霸权次位的影响，代表着一度风靡欧洲人文思想的文艺复兴，以及对自己掌握个人命运与前途的救世信念开始动摇，最大冲击就是政治动乱与火器发明后所向披靡的武器威力，尤其在船坚炮利的航海时代，拥有火器的国家能够以寡敌众，取得胜利。

回顾印度的殖民地历史，与葡萄牙有密切关系，自1500年开始，

中国风 | 贸易风动·千帆东来

达·伽马抵达印度

阿拉伯单桅船

达·伽马（Vascoda Gama）于1498年绕过好望角航往印度。1510年，葡萄牙占领卧亚（Goa），使其成为葡属印度在东方的大本营，跟着又在美洲、东南亚等地扩张。1553年，葡萄牙租借澳门，以此为据点，与明、清朝代进行了三百年的贸易。

1509年2月，葡萄牙舰队在西印度洋与伊斯兰教舰队开战，在这次所谓历史上著名的"第乌之役"（Battle of Diu）中，击败了由埃及支援、希腊水手操纵的地中海式排桨战船（galleys），这种老式战船因会干扰划桨，只有首尾才能装炮，无法装舷炮，而阿拉伯的单桅船（dhows）根本不能装重炮。以该战役船艘数量而言，伊斯兰教国家与埃及联合舰队有一百多艘船，但大船只有十二艘，其他都是备有弓箭手的单桅帆船。葡萄牙一共只有十八艘船，五艘大型克拉克帆船（carracks，有时又称naus），四艘小型克拉克，六艘克拉维尔（caravels，横帆与三角帆并用的快船）及三艘小船，但是葡舰队火炮口径大，炮手精良熟练，根本不容伊斯兰教船队靠近短兵

葡萄牙大型克拉克
风帆战船

葡萄牙大型克拉克风帆战船模型　西班牙千里达号模型，120门重炮三层战船

阿姆斯特丹之东印度公司船坞

肉搏，就在一百码距离外把敌方船只击沉，并为海战带来另一新观念，海战不再是双方船只短兵相接及弓箭互相发射，而是变为更具威力与破坏力的远距离炮战，形成后来列舰战术。第乌海战使葡萄牙人掌握了印度洋的制海权，控制印度洋关键贸易口岸和沿海地区，如卧亚、锡兰（Ceylon）和马六甲（Malucca），开始称霸印度洋。

此后，海上称霸的荷兰、法国、英国等列强开始在印度分一杯羹，印度逐步沦为海上列强的殖民地。西班牙于1492年哥伦布发现

蓝碎花印布（blue calico）

新大陆后，在中、南美洲建立了庞大的殖民帝国近三百年之久，更开采了墨西哥与秘鲁的白银矿脉，大量的白银供给量，使国家的货物产量追不上货币的产量，物价飙升飞涨。其他殖民帝国如葡萄牙也把南美洲国家许多金银财富资源移转回欧洲，亦与邻国西班牙碰到同样处境，发展海上新航路与利用财富向外投资开展贸易，成为当务之急，同时以海上霸权威迫利诱殖民地国家，谋取最大利益与利润。一时之间，这两个原先濒临大西洋海岸的国家摇身一变，成为举足轻重的"欧洲中心"（Eurocentric）国家，航向手工业发达、劳工低廉的东南亚殖民世界。

东印度公司（East India Company，EIC）是英国与荷兰追随葡萄牙、西班牙殖民主义扩展下在印度成立的事务机构，官商勾结，亦等于宗主国在当地的半官方机构。"英国东印度公司"成立于 1600 年，与葡萄牙及当时荷属的爪哇［爪哇当时首都巴达维亚（Batavia）就是今日的雅加达（Jakarta）］或印度尼西亚，主要贸易出口品胡椒、咖啡、香料及转口中国外贸瓷器，剧烈竞争相斗。1601 年，荷兰成立"尼德兰联合东印度公司"（Dutch East India Company，VOC），与英国剧烈抗争，一直到 1623 年两国才达成协议，荷兰独占东印度群岛（East Indies），英国则独占印度次大陆（India subcontinent）。当时印度一带贸易品包括香料、丝织品、棉织品、红茶、珠宝、炸药用的硝石（saltpetre）、染料用的靛蓝（indigo dye）等。

在印度，靛蓝是以天然草本植物（indigo）制成湛蓝色彩染料，然后又用刻着不同图案的长方形或方形木刻印版，蘸好染料用手工一一槌印在布上。于是，流行在英国的印度印花衣布，后来在西方又叫"印花布"（chintz，又名 calico），有不同色彩组合，其中尤以湛蓝、橙红碎花最突出，蓝色印花布就叫 blue chintz 或 blue calico，依此类推，后来蓝色瓷器亦有袭用这名词，就叫 indigo chintz 或 blue chintz。由于印花布耐用又不脱色，比当年另一种容易在水上脱色的蜡染花布（batik）更为实用，所以极受欢迎。这些印度古文化的手工业，在工业革命尚未开始及机器大量使用前，成本极为便宜。从艺术角度看来，传统印度印花图案即使说不上是"中国风"，但绝对是西方人眼中的"东方主义"（Orientalism）了。

需要稍指出所谓 calico 印花布，当年在英国大部分是指白色或奶油淡黄色的棉布，一直到印花布在美洲大陆流行后，才指有颜色的碎花布。

当年印度的莫卧儿王国（Mughal Empire）能够接受英国招商自由买卖，主要由于棉织品大量生产能够提供给孟加拉国一带几十万农户及手工棉纺织户就业机会。商业出口贸易的增加，也带给皇室朝廷及地主商贾大户更大的利益与政治民生稳定。

如此一来，除了英国、荷兰，其他欧洲海洋强国如法国、丹麦、奥地利、西班牙和瑞典都在印度设有东印度公司。英国自1612年"苏瓦里战役"（Battle of Swally，原名为 Suvali，指印度古吉拉特邦苏拉特附近"苏瓦里"村庄近海的一次海战），四艘英国东印度公司的炮舰（galleons），包括装置有强劲三十八门火炮的"赤龙号"（Red Dragon，但此船于1619年被荷兰击沉），打败葡萄牙四艘炮舰（naus）及二十六艘没有火炮的三桅帆船（barks）后，英国东印度公司遂开始得到莫卧儿皇帝的赏识信赖，扩充在印度的据点。葡属印度（Eastado Português daIndia）的卧亚（Goa）殖民地功能开始褪色，成为一般乘船东来的耶稣会传教士的暂驻居地，让

1770年英国碎花长裙

乾隆年间（1756年）彩绘荷兰商船Vryburg号

他们重新出发前往马六甲及澳门。当年意大利耶稣会传教士利玛窦（Matteo Ricci）即利用此一途径来到澳门，再上北京见到明朝的万历皇帝。

17世纪开始，西方列强横行海上的"英姿"与彼此因利益冲突而互相开炮残杀的画面，可见之于英国航海史画家蒙那密（Peter Monamy，1681-1749）、邓肯（Edward Duncan，1803-1882）等人的画作。这类画作代表一种征服者的话语，就是西方文明人征服东

西方列强海战图,蒙那密

英国战船雄风,作者不详

17世纪日本VOC徽章青花瓷碟

方野蛮人或是基督教文明征服异教徒的"东方主义",最显著的例子就是英国于1750—1799年在南印度征讨提普苏丹(Tipu Sultan)的战役。提普苏丹王是一个诗人,也是虔诚的穆斯林,对外来基督教很宽容,也容许法国人在迈索亚(Mysore)建立天主教堂,但是在英国人入侵迈索亚的战役(Anglo-Mysore Wars)中,1799年终为英联军所杀。然而在英国画家辛哥顿(Henry Singleton,1766-1839)的《决战图》(*The Last Effort and Fall of Tippoo Sultaun*)或其他无名画家《受降图》(General Lord Cornwallis, receiving two of Tipu Sultan's sons as hostages in the year 1793, *Surrender of Tipu Sultan*）的画作里，我们并未在战场或非战场上，以及征服者与被征服者之间的血腥斗争里，看到胜利者出自内心的宽容与仁慈。

英国东印度公司除贩卖奴隶外，还利用印度孟加拉种植棉花田的农民，强迫他们兼种鸦片，再走私运往中国牟取暴利，间接让大清帝国走向衰亡。18世纪初期，强盛的莫卧儿王朝亦开始衰落，印度重新分裂为许多小城邦，英国东印度公司趁机以喧宾夺主之势脱掉"商务公司"的假面具，逐渐占领马德拉斯（Madras）、加尔各答（Calcutta）和孟买（Bombay）等城市，在那里设立省督与城堡管区。1767年英国议会通过《东印度公司管理法》，将加尔各答的省督改称总督，由英王直接任命，代表英国政府全权管治英国占领下印度的全部领土。东印度公司直接统治印度，最终变成统治印度的殖民政府，直到18世纪60年代，英国东印度公司才走上末路。

英国东印度公司未结束前，它左右了大不列颠的财政。西方利用海上霸权在南亚、东南亚蚕食各地资源，但在中国的贸易上却产生了极大逆差。那就是说，因为明、清两代对外贸易，均以白银为准，而瓷器、丝绸、茶叶及香料的大批输出，使英国大量流失国内的白银。欧洲诸国中，葡萄牙及西班牙在这方面影响较小，葡、西两国海上霸权遍及南美洲，巴西的黄金、秘鲁和墨西哥的白银都成他们囊中之物，当初运输回国，一度银贱货稀，引起通货膨胀。达·伽马发现好望角，海航出一片新世界与新希望，其他西方国家也乘风破浪，相涌而来。

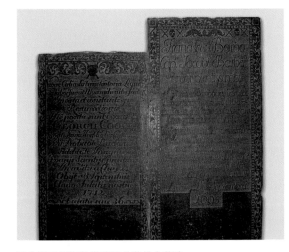

马六甲圣保罗教堂残址之荷兰人墓碑

伊丽莎白一世"童贞女王"（1533—1603）

16世纪英国的"都铎王朝"（Tudor）算是英国历史上的黄金时期，及至1603年都铎最后的君主伊丽莎白一世逝世后，便陷入漫长的宗教冲突与清教徒运动，要到18和19世纪初期带来重大变革的"工业革命"（Industrial Revolution），农业社会转化为科技和机械工业社会，以蒸汽动力为基础的新技术，使得经济规模扩大而得到节约，从而使传统家庭手工业减少，纺织业更因生产过剩而亟欲推广市场，一度物美价廉的印度花布已无剩余价值，驱使印度棉花农工转行种鸦片成为顺理成章之事。比较起来，中国17、18世纪由明入清，康雍乾三代盛世，励精图治、显赫一时，国富民安，农村经济自给自足，又岂是西方人所能觊觎于万一？然而19世纪道光（1821—1850）、咸丰（1851—1861）衰落期开始，有如羊入虎口，英国人率先乘虚而入。

如前所述，由于英、中两国贸易的逆差，英国人早就想扳回平手，及至乾隆于1759年开广州一埠作通商口岸，让中国行商设行互贸，西方商人何等机灵，早已借此看出中国军力外强中干，官吏贪婪腐败，官商勾结，富商生活奢侈糜烂。当初鸦片由葡萄牙人自印度带入澳门，吸食尚在少数，但英国人在印度大量种植鸦片后，先把成品运往加

19世纪中国水粉画所描绘抽食鸦片情形

尔各答,再船运走私入广州分售,风靡一时。中国人吸食鸦片烟"得南洋吸食法而益精思之",把运入的烟土(又称洋土 foreign mud)"煮土成膏,镶竹为管,就灯吸食其烟,不数年流行各省,甚至开馆卖烟"〔李圭,《鸦片事略》卷上,光绪二十一年(1895年)刻印〕。

有关中英两国贸易详情,郭廷以《近代中国史纲》(香港中文大学出版社,1979)卷上指出,英国对华输出多为毛织品、铝、锡、铜、钟表、玻璃及来自印度的棉花、棉织品。中国对英的输出首为茶叶,次为丝绸、土布、瓷器。茶叶输出每年约30万斤,18世纪末,渐至1800万斤,19世纪达2000余万斤(注:每百斤价银19两),占出口额的90%以上。在男耕女织的中国农村经济自给的情况下,英国对华输出商品实缺少市场,但要交易茶叶,唯有用白银购买。18世纪前期,英国输入中国的货值,常不及进口白银的1/10。在欧洲盛行重商主义,重视现金的时代,英人认为这是国家的巨大损失,及至发现鸦片大有销路,遂全力以赴。1773年,东印度公司取得印度鸦片的专卖权,奖励栽种,统制运销。中国每年进口增至四千余箱,渐至六千余箱,每箱售价自白银一百四十两上涨至三百五十两,开始感到鸦片贸易的压力。

嘉庆朝禁烟失败，道光前期再申明禁令，加重行商责任，夷船进口，照旧认保，另饬身家殷实的四行行商轮流加保，但从此外国船商事先将所载鸦片转于停泊在虎门口外伶仃洋的趸船，再由包揽走漏的"快蟹"小船接运入口。趸船约二十五艘，快蟹近两百艘，行驶迅速［中国内河船只种类极多，这也就是后来中国贸易的"外销画"（export painting）的"通草纸画"（pith paper painting）中，有极多的船只描绘的原因］，备有武装，关津巡船不唯无力制止，且通同作弊。闽粤交界的南澳，为烟船的另一集中地，大都为英国"渣甸洋行"（Jardine Matheson and Co.）所有。北至天津、奉天，各海口均有专司收囤转贩店户，分销内地。这就是鸦片贸易史上所谓"伶仃走私"时期，从此鸦片销售数量直线上升。1821—1828 年，平均每年为九千余箱；1828—1835 年，为一万八千余箱；1835—1838 年，为三万九千余箱。每箱平均价银约四百两，最后四年，每年的总值约为一千五百余万两。鸦片占英国对华输出总额的 50% 以上。印度政府岁入的 1/10 来自此项非法而不人道的贸易，孟加拉一处即近一百万金镑。19 世纪初年，美国烟贩自土耳其运至广州的鸦片每年亦有一千余箱。

　　清朝一直以纹银（sterling silver，银加铜，非十足成色）作为货币单位。纹银并非实际银两，而是用于折算各种成色的金属银的一种记账货币单位，清制规定纹银一两等于制钱（铜钱）一千文，但乾隆朝之后，由于私铸劣钱增多和白银外流，经常出现钱贱银贵的现象。中国的白银产量不丰，富有之家，常事囤藏，妇女亦用以制造饰品，不能再行流通，供不应求，银价有涨无回。制钱分量减轻，私铸的泛滥亦有影响。银价上扬，钱价贬值，物价升高。鸦片进口激增，现银逐年外漏，无异火上加油，银荒日甚，伶仃走私时期，尤为显著。18 世纪末年，纹银一两兑换制钱八百文；19 世纪初年，为一千文上下，1821—1838 年，由一千三百文，以至一千六百余文，四十年间，银价上涨一倍，财政大为支绌，购买鸦片，就是纹银外流严重的"银漏"问题。此亦即所谓"非耗银于内地，实漏银于外夷"。

第一次鸦片战争英舰于虎门战役击溃清朝海军

1838年,林则徐出面禁烟,引发第一次(1840—1842)、第二次(1856—1860)鸦片战争。第一次鸦片战争签订的《南京条约》是中国近代第一个不平等条约,中国割让香港给英国,上海、广州等五大口岸被迫开放给英国人开展贸易和居住。同样第二次鸦片战争英法联军之役后,清政府先后签订《天津条约》、《北京条约》、中俄《瑷珲条约》等条约,中国因此而丧失了东北及西北共一百五十多万平方公里的领土。香港对海的九龙半岛亦以界限街为限,中方设立九龙城寨,属新安县,其余深水埗、土瓜湾、九龙塘、红磡、尖沙咀均认作"此一带均系山冈不毛之地",尽租借予英国。

第二章

西方启蒙运动、洛可可、中国风

18世纪欧洲的"启蒙运动"(Enlightenment),由于个别国家历史背景不同与处境相异,有早晚先后,肇始则可推至17世纪海权扩张,开拓了"人"的视野与胸襟,成为14世纪以降对"文艺复兴"(Renaissance)的反动,不再妥协于罗马教廷上帝专一旨意或是刻意追溯希腊、罗马的古典文艺传承。由于航海贸易发达,地图学(cartography)的发展,商人、传教士及报刊媒体对欧洲以外地域的叙述介绍,一直以西方文明为本位的"人"发现了一个更大更广阔的世界,而一向被视为"异教徒"(pagans)或"野蛮人"(savages)的中东伊斯兰教徒及亚洲"他者"(the other),其资源、文化艺术竟然如此多姿多彩。古文明如美索不达米亚和埃及或遥远的中国,其文化传统及宇宙论(中国道家的自然与道或儒家的理性论述),堪足作为对强调以理性追求知识与真理的启蒙思想家或"哲者"攻错的他山之石。

但是"启蒙运动"必须要从西方文化本位的自我觉醒开始,尤其是在人性、理性、宗教、文学艺术、科学逻辑辩证的创新中追寻。欧洲国家以法、英两国的哲学系统最为完备,启蒙运动轴心在法国,语言以法语为主,主要人士有法国启蒙大师伏尔泰(Francois de Voltaire,1694-1778)、孟德斯鸠(Montesquieu,1689-1755)、卢梭(Jean Jacques Rousseau,1712-1778),直追欧洲17世纪早期好几项伟大知识成就,包括牛顿(Sir Issac Newton,1642-1727)的种种发现,还有笛卡儿(Rene Descartes,1596-1650)及贝雷(Pierre Bayle,1647-1706)的理性主义(Rationalism),培根(Francis Bacon,1561-1626)及洛克(John Locke,1632-1704)的经验主义(Empiricism)。伏尔泰认为中国人的"理"或"天",是万物本源,也是古代文明立国的肇因。他推崇中国哲学一切都是超自然,没有任何神奇意味,因此中国历史先古开始就合乎理性。1755年,伏尔泰把中国元剧《赵氏孤儿》改编成《中国孤儿》(*L'Orphelin de la Chine*)在巴黎演出,轰动一时。

笛卡儿也是从小就接受中国文化陶冶,他的《方法导论》

大卫像是文艺复兴时代米开朗琪罗于1501年至1504年雕成,用以表现大卫王决战巨人歌利亚时的神态

《牛顿》，布雷克画作

（*Discourse on the Method*）以上帝存在保证物理世界存在，强调人的良知、知识的局限、怀疑与思考，因而有"我思，故我在"这句话（Cogito, ergo sum, Je pense donc je suis, I am thinking, therefore I exist），有点像宋明理学家王阳明的致知，并且热烈赞扬中国人的智慧理性。

撰写《百科全书》（*Encyclopédie*）的狄德罗（Denis Diderot, 1713-1784）高度推崇儒家经典"四书五经"，孔子建立的哲学是理性宗教，不谈圣迹和启示，是纯粹伦理学和政治学，也是中国人自古以来传承奉为正朔的实用哲学。

然而启蒙运动者也是"自然神论者"（deists），与中国的"天命"（mandate of heaven）刚刚相反。他们相信"天意"（providence）及上帝创造世界及其自然规律（natural order）后，就不再参与其事。自然神论相信宇宙开始是造物主创造出来，这个造物主开始就将整个宇宙运动的定律和以后发展的过程都设计好，然后就不再干涉参与。宇宙自然运行，生命的诞生是"必然"而不是"偶然"。进化是神预定好会发生的现象演变，其他则由人的智慧与知识去追寻、决定，创造出一个更完美的社会秩序与精神境界。

牛顿发现了"万有引力"（universal gravitation）及物体的运动

定律，以简单数学公式把地球及天体运行归纳入相同公式，打破了早年欧洲物理学把天体与地球的运动分为两个截然不同之个体。牛顿的发现对当时的神学有很大冲击，好像地上的人与天上的神可以分道扬镳。人类可以学习自然、征服自然，并以怀疑精神来检讨旧社会。如此一来，人类理性可以指导一切自然律，成为自然的主人，利用自然资源，造福人类。科学技术的进步及后来英国"工业革命"的精神也支持这一论点。

上帝的设计，天地万物的瑰丽（或邪恶），皆从人与物的形态显示出来。文学中最著名的例子就是英国17世纪神秘主义诗人布雷克（William Blake，1757—1827）诗集《经验之歌》（*Songs of Experience*）内作于1794年音韵抑扬顿挫的《猛虎》（*Song 42: The Tyger*）：

Tyger！ Tyger！ Burning bright　猛虎！猛虎！炯耀燃烧
In the forests of the night,　黑夜的丛林里，
What immortal hand or eye　究竟是什么神的妙手慧眼
Could frame thy fearful symmetry？　设计出你威慑人的对称？
In what distant deeps or skies　什么遥远的地狱天堂
Burnt the fire of thine eyes？　燃烧着你眼睛的火焰？
On what wings dare he aspire？　什么翅膀他敢飞越前来？
What the hand dare seize the fire？　什么的手敢攫夺那火焰？
And what shoulder, & what art.　还有什么肩膀、什么天工巧艺
Could twist the sinews of thy heart？　可以扭转你心房的筋腱？
And when thy heart began to beat,　当你心房开始搏动，
What dread hand？ & what dread feet？　那又是谁动的惊人手脚？
What the hammer？ What the chain？　什么锤头？什么铁链？
In what furnace was thy brain？　什么洪炉炼就你的脑袋？
What the anvil？ What dread grasp　什么铁砧？什么烫手炙热

Dare its deadly terrors clasp？ 敢捋握那些凶神恶煞？

When the stars threw down their spears， 当星星纷纷投下它们的光矛

And watered heaven with their tears， 及以泪洗苍穹

Did he smile his work to see？ 它是否看到成果而得意？

Did he who made the Lamb make thee？ 是否造了羔羊的它又造了你？

Tyger！ Tyger！ Burning bright 猛虎！猛虎！炯耀燃烧

In the forests of the night， 黑夜的丛林里，

What immortal hand or eye 究竟是什么神的妙手慧眼

Dare frame thy fearful symmetry？ 胆敢设计你威慑人的对称？

布雷克的《猛虎》就是代表17—18世纪"自然神论者"对造物者及其创造的万物最精辟的阐释。猛虎是一个善恶模棱两可的象征，一方面它代表上帝"设计"（frame）创造老虎斑斓条纹最精致完美的"对称"（symmetry）规律（order），在黑夜的丛林里，有如炯耀燃烧的火焰；另一方面猛虎擒羊，它也能一度曾为美丽天使后，又成撒旦魔鬼的化身，攫食下凡的耶稣基督，因为基督曾自称为"上帝的羔羊"（The lamb of God）。

布雷克曾为弥尔顿（John Milton，1608-1674）的《失乐园》（*Paradise Lost*）作插图，深受圣经《创世记》（*Genesis*）各种天使魔鬼形象的影响，所以猛虎亦不例外。它熊熊火焰的眼睛，可能是地狱的恨火，也可能是天堂的爱火。而那些敢飞近猛虎的翅膀，可能是雪白的天使翅膀，也可能是《失乐园》内描述那些魔鬼嶙峋连皮带骨的翅膀。

跟着就是上帝创造老虎有如铁匠打造铁艺品的巧喻。铁锤、铁链、洪炉、铁砧，令人想起希腊神话里爱神的夫君——丑陋驼跛的火神铁匠赫腓斯塔斯（Hephaestus），整天辛苦在火山下锤砧敲打、

摇扇风箱洪炉，为诸神造出战器兵戈、工具艺品。阿波罗驾驶的日车，爱洛斯（Eros）的金箭、银箭都是他铸制，但诸神却鄙其丑陋。上帝做老虎时的辛劳有如火神铁匠，也未想到它会摇身一变，成为饿虎擒羊的魔鬼。天上有天使魔鬼，世间亦何尝不是人虎如一？有人善良如天使，也有善良天使瞬间变成凶神恶煞的噬人老虎。

而最后，诗人就像启蒙运动者面对传统神学的挑战，假如上帝全能全知，为何造出羔羊又造猛虎？为何世间欺善怕恶、恶得善终、善无好报？那么上帝真的就是当初完成"设计"及规律后，就不再参与其事了？要注意首段末段相同，只差最后一行的第一个字，诗人把"可以"（Could）转为"胆敢"（Dare），无疑就是向万能上帝追询，这只斑纹美丽对称如鬼斧神工的老虎，为何又可如此凶恶勇猛？弱肉强食？如此不公平的自然法则，为何全知的神既知今日，何必当初，更可撒手不理？

德国奥特波伦修道院大教堂的洛可可风格，建筑空间充满生命。1737—1766年，建筑师约翰·米夏耶尔·费夏设计

设计、均衡（balance）、对称规律（symmetrical order）是14—17世纪文艺复兴运动的复古典范，但是17世纪的欧洲除了启蒙运动，又崛起了巴洛克（Baroque）风格对抗文艺复兴运动。"巴洛克"一词源自葡萄牙语barocco，其意为"未加工的珍珠"（rough pearl），主要来自艺术史学者对1600—1750年间在欧洲建筑界与艺坛上崛起的一种风格的敌意评语，这种风格强调以原始浑然天成的粗糙，对抗文艺复兴所坚持的细致柔和、规律均衡的唯美观念。

巴洛克风格艺术风靡一时，在建筑上，如罗马的圣彼得大教堂，伦敦的圣保罗大教堂，同时亦包括园林景观设计观念。在音乐上，如德国巴赫（J.S.Bach，1685-1750）的序曲（preludes）、赋格（fugues）及《马太受难曲》（*Passions*），或意大利蒙地维蒂（C. Monteverdi，1567-1643）歌剧 *L'Orfeo*，强调希腊神话 Orpheus 与妻子 Eurydice 的生离死别。在绘画上，如林布兰特（Rembrandt Harmenszoon van Rijn，1606-1669）对《圣经》体悟的画作，光线如灵光一刻的圣灵降临。在雕塑上，最明显例子就是意大利巴洛克雕塑家贝尼尼（Gianlorenzo Bernini，1598-1680）的雕塑《圣泰勒莎的法悦》（*The Ecstasy of St. Teresa*），描述圣女接受圣灵降临，有天使手持金矛，戳刺入她的心脏，分不出是狂喜高潮或是疼痛。

17世纪巴洛克在艺术史上的重要性是糅合了"中国风"，发展成18世纪洛可可（Rococo）风格。欧洲绘画、瓷器、建筑、室内设计（尤其家具、壁画）、服饰，甚至发型等都因洛可可大胆创新而大放异彩。洛可可不喜法国宫廷上层社会袭用古典艺术风味的刻板方直线条，而爱用曲线、不对称（asymmetrical）的突兀风格标新立异，反映当时日渐宽裕的中产阶级的社会享乐观，以及爱欲交织的世俗风气。更由于启蒙时期西方海上航运发达，带回许多东方或南北美洲异国情调的艺术品（exoticism），使一向以欧洲为中心（Eurocentric）的西方人耳目一新。画家们大开眼界之余，亦受到外来

布欣像，1741年，油彩画布，古斯塔夫（Gustav Lundberg）

《耶稣与通奸妇女》,1644年,83.8×65.4cm,林布兰特,伦敦国家美术馆藏

《圣泰勒莎的法悦》，高350cm，1645—1652年，罗马圣马利亚·德拉·维特利亚教堂的柯尔那罗礼拜祭坛，贝尼尼

《中国渔翁聚会》，布欣

文化刺激，增加了不少异国风情描绘。18世纪30年代更受到"中国风"影响，从建筑、家具到油画和雕塑，尤其路易十五时期的法兰索瓦·布欣（Francois Boucher，1703-1770，另有译名布榭、布歇）的油画，经常有中国瓷器、人物出现。他的四幅中国主题油画是洛可可异国情调最著名的经典作品，《中国市集》《中国花园》《中国渔翁聚会》及《中国朝廷》。画面充满中国青花瓷、罗伞、花篮，长辫八字胡须、头戴笠帽的东方（鞑靼）男子及娇媚妖艳的簪花女人等等。布欣本人并未来过中国，他的中国形象间接来自传教士的素描叙述，将错就错。他感性的笔触，除了异国情调，还强烈呈现女性旖旎诱人的躯体，为启蒙思想家所诟病为淫逸，但亦使布欣成为18世纪欧洲人如痴如醉的"中国风"绘画代表人物。

洛可可保留了巴洛克风格夸张怪异形象，打破了西方古典主义的"合宜"（decorum），更进一步融合中国或东方艺术"不对称""不均衡"（unbalanced）风格。在18世纪的欧洲，洛可可风格表现在绘画、

《水浴的黛安娜》,布欣

《中国花园》全图,布欣

《化妆》,1742年,52.5×66.5cm,油彩画布,布欣,卢卡诺·泰森·波内米萨收藏

《中国花园》局部图,布欣

洛可可风格的"情人"瓷偶,德国名瓷 Nymphenburg 制造

《愕然》，华铎

建筑，陶瓷的"中国风"蔚然风尚，成为"外贸瓷"风格的一种特征。其实，洛可可与巴洛克两种风格重叠，互为表里。巴洛克风格已成习套（cliché），不能迎合路易十四晚年的活泼艺术性格。1699年，路易十四婉拒了年轻活力充沛的布根地伯爵夫人装修"动物园宫"（Chateau de la Menagerie）厢房的建议，他这般写道："Il me paroit qu'il y a quelquechose a changer que les subjects sont trop serieux

《西特岛的巡礼》,约1718—1719年,129×194cm,华铎,柏林夏洛腾堡宫藏

qu'il faut qu'il ait de la jeunesse melee dans ce que l'on ferait...Il faut de l'enfance repandue partout."大意就是说"在我看来,有些东西是要改变的,那些题材太严肃了,而我们应该有一些活泼青春掺杂在我们的活动……我们需要童心一直伸展下去"。由此可知,路易十四已经看到早期洛可可风格。华铎(Antoine Watteau,1684-1721)那种喜剧轻佻而带官能情色的《西特岛的巡礼》(*Pilgrimage to Cythera*,1719)画作语言,进一步伸展奔放。此画堪称绝品,描绘香客准备上船朝圣,但岸边送别的成双成对的男欢女爱却表露无遗,漫天飞舞的天真快乐,小天使无处不在,童心无邪,不知情爱别离。

华铎出身贫穷,患病多年,享寿仅三十七岁,但天资聪颖,尤爱意大利歌剧,吸收力强,因而画作多带戏剧性而有画外之意。2007年,英国"皇室收藏"(Royal Collection)在例行保安检查时竟发现了一幅遗失近两百年的华铎晚年(1718)画作《愕然》(*La Surprise*)(见51页图)。油画内乐师坐在石凳弹着弦琴,愕然看着身旁一对情侣忘情拥吻,有小狗在另一角落同时观看,不知所谓。此画于2008年7月8日在伦敦佳士得(Christie's)拍卖,得标价为12,361,250英镑(即24,376,404美元)。画家生前潦倒,怎也没想到此幅简单画意的作品,竟在身后售得如此高价。

我们亦开始明白许多明清过渡期瓷器(transitional wares),尤

碟,1725—1730年,直径32cm,饰以中国伊万里烧色调的青花、铁红彩、金彩及釉上珐琅彩图案

方瓶，1715—1725年，高26.3cm，中国外销瓷，方瓶四面饰以中国伊万里烧色调，布鲁塞尔皇家历史博物馆藏

第二章 | 西方启蒙运动、洛可可、中国风

柿右卫门五彩瓷瓶 Kakiemon-Jar Chinoiserie

调味瓶及座盘,1740—1750年,瓶高13.7cm,1764年荷兰东印度公司送往中国的订单上提到类似套装器材

盖盘,1755—1765年,高23cm、直径22.7cm,1758—1762年荷兰东印度公司的订单中,特别提到这种饰有兔首耳、镂空冠状纽器物

粉彩楼阁山水纹轮花钵,1740—1745年,盘口径38.5cm、高8.4cm、底径24cm、直径23cm,内绘欧洲港口景色,蓝本来自一件麦森(Meissen)瓷器,边缘四片开光中绘中国山水,景德镇窑,土耳其特普卡普宫殿藏

烛台,高20.5cm,从1700年开始,中国外销瓷中出现很多仿自欧洲形制的烛台品项

外贸瓷盘,1740—1745年,直径23cm,内绘欧洲港口景色,蓝本来自一件麦森(Meissen)瓷器,边缘画有中国山水

"红龙"瓷器系列——凹槽纹大餐盘

描金茶具，1740年，体积大小不一，纹样与麦森（Meissen）纹饰相近，但已转化成中国绘画风格

其民窑青花漫无章法的描绘,产生无限野趣,包括克拉克瓷的野拙,日本柿右卫门(Kakiemon)的写意青花或五彩纹饰,尤其带强烈中国风的描金伊万里(Imari),大受欧洲人欢迎。

那么"中国风"又是什么的外延(denotation)与内涵(connotation)的风格与风味呢?

由于上述启蒙运动哲人们对中国文化理性与知性的推崇,以及中国器物陶瓷、家具、刺绣、印花壁纸(wallpaper)不断输入欧洲(包括日本瓷),17—18世纪法国两代皇帝路易十四、路易十五都酷爱中国器物。法文 Chinois 指中国或中国人,于是一切受到中国风格影响的器物(不一定是中国制造,但由中国输入的外贸器物绝对属于此一类别)与建筑、绘画也就以 Chinoiserie(中国风或中国趣味)称之。据考证,Chinoiserie 这个名词未见于 17—18 世纪欧洲,至少在 1840 年未出现在任何印刷品上,一直要到 1880 年才收入法国出版的《学术辞典》(*Dictionnaire de l'Academie*)。但其意义纷纭混淆,应该可以理解为西方并非百分之百模仿东方艺品的风尚,其演绎成分更高。早期中国风因对东方认识不够,模仿之余插科打诨,但后期中国风中德国麦森(Meissen)成功烧出媲美景德镇瓷器的"青花洋葱瓷器系列"(blue and white Onion series),表面看其花卉非驴非马,但细看其中国风味,却像印象主义一般抽离现实,挣脱中国古典窠臼,自成一家,不做东方艺术"二等公民"。"红龙"(Red dragon series)瓷器系列亦如出一辙,表面模仿中国的龙凤呈祥,但小凤鸟的憨圆可爱造型犹胜中国传统尖喙长尾凤。

法国路易十四(1638—1715)五岁时登基,成年后雄才大略,使法兰西成为欧洲强国,法文为各国主要语言。他统治法国达七十二年之久,到了七十七岁生日四天前才逝世。因为他曾在舞台剧《旭日初升》演过太阳神阿波罗,遂被称为太阳王(Roi Soleil),是世界上执政最久的君主之一。路易十四和中国清代康熙皇帝处在同一时代,背景相似。康熙也是八岁即位,二十三岁成年后才正式执政。康熙、雍正、乾隆开创盛世,号称"清三代"。康

凡尔赛宫殿的镜廊，1678—1686年

熙受明末入华的西方传教士熏陶影响，对科学、数学兴趣极隆。他在耶稣会教士的教导之下，于西方基础科学、医药、天文历算、人体解剖等多有涉猎，对法国玻璃和珐琅工艺尤独具青眼。路易十四则喜爱戏剧舞蹈，除了是个伟略君主，对东方艺术器物也有极高的欣赏水平。他曾命人到中国订制带有法国甲胄、军徽、纹章图案的瓷器，因此"族徽瓷"（Fitzhugh）在欧洲一时风气大盛。最重要的是两地皇帝曾互相联络，虽未谋面，路易十四曾有私人函件呈送康熙皇帝。

1670年，路易十四为情妇蒙特斯潘夫人（Madame de Montespan）在凡尔赛宫公园外另建"特里亚农"小瓷宫（Trianon de porcelaine），内藏中国名贵瓷器，宫外模仿中国亭栏楼塔、茶亭庙宇建筑风格，故又称"中国宫"。"特里亚农"虽谓模仿南京报

凡尔赛宫殿的镜廊局部图，1678—1686年

恩塔的琉璃塔风格，但楼阁只有一层，亦非外贴琉璃瓦，只在外层抹上一层彩釉陶土（faience），材料粗拙，不堪冬雪严霜，仅十七年后（1687年）便遭拆毁。那时皇帝已另结新欢玛蒂蒙夫人（Madame de Maintenon），更无心修葺。

1684年及1686年两年间，路易十四曾接见前来朝贡的暹罗（Siam，今泰国）使节，由于贡品均带强烈东方色彩，法皇龙心大悦；在第二次接见时更特别选在凡尔赛宫的"镜廊"（Galerie des Glaces），那里千烛齐燃，到处都是中国丝绸、康熙瓷器、日本漆具，令暹罗使者啧啧称奇。

1698年，法国"印度公司"（Compagnie de Indes）第一艘商船"昂菲特里特"号（Amphitrite，为希腊神话海神Poseidon的妻子）经澳门抵广州采购瓷器，并把订单送往景德镇。该船1700年回国，携回上万的大批瓷器。1701年再次来华，1703年返法国。两次从中国运回大量丝绸、瓷器、漆料和漆器（法语因而把漆器叫作"昂菲特里特"来纪念这艘船的名字），一时法国风行穿丝绸制品，家中纷纷摆设瓷器、漆器以示高雅。瓷器，则主要为青花瓷、伊万里及珐琅彩瓷。

路易十四时代晚期，随着各式中国漆器进口量增多，漆器在法

凡尔赛宫中玛丽·雷克吉斯卡的"中国房间"里装饰着中国风的绘画，1761年

路易十四接见前来朝贡的暹罗使节，版画

国开始流行，东方风味设计几乎独占鳌头，家具、轿子、人力车、手杖无处不用漆画上中国图样。1700年，凡尔赛宫举行盛大舞会，路易十四乘坐中国轿子出场。

  于是，宫廷服饰均以刺绣纹饰，连贵妇们的高跟鞋面也以丝绸、织锦为面料，饰以刺绣图案。贵族家中陈设着典雅、精致的中国刺绣床罩、帷幔、插屏、窗帘等。许多普通家庭主妇都绣制家居所需的枕袋、靠垫、台布、垫布等。宫中公主们也热衷针线，路易十四有时还亲自为公主挑选最美丽的刺绣图案，可见其对刺绣的钟爱。如同瓷器一样，法国人在模仿中国纺织品过程中，亦创造出一种中西结合的"中国风"风格。

  "中国风"风靡18世纪的法国上流社会，但法国商人必须用金、银币支付购买外贸商品，致使法国金银库存迅速衰竭。许多运回的瓷器、丝绸虽然价格高昂，利润惊人，但长途航运费时费力，沉船风险亦大。解决办法只能在本地生产同等质素的瓷器。路易十四时期，法国皇家制瓷中心"塞芙尔"（Manufacture Nationale de Sevres）瓷厂长期生产软瓷（soft paste），虽难与德国"麦森"坚薄的硬瓷（hard paste）匹敌，要到路易十五的1766年烧出硬瓷后，才有竞争力，但至少外观纹饰模仿中国，又有所创新，这也是西方瓷器蓬勃的"中国风"。

从18世纪开始，中国瓷器开始在欧洲有了庞大市场。据统计，18世纪的百年间，从中国输入欧洲瓷器达到六千万件以上，包括越窑青瓷、龙泉青瓷和青白、青花瓷等。大规模的外贸瓷进口，改变了欧洲家庭生活，日常餐器大部分被中国瓷器取代，特别是法国路易十五（1710—1774）曾下令把国内银器通通熔化，以补国库，并同时向全国推广中国民窑瓷器。整个18世纪的欧洲成了中国外贸瓷

麦森（Meissen）"青花洋葱瓷器系列"餐盘

1800年麦森（Meissen）"青花洋葱瓷器系列"咖啡壶的正、侧、上、下四面

主要市场,中国瓷器不断进入欧洲及拉丁美洲。

中国瓷器成了欧洲民宅喜欢陈设的装饰品,荷兰人家中壁炉上、器物的托座、墙壁,都安放了中国瓷器,在壁炉周围,用康熙时期出口的高级细小型花卉青花瓷摆设(garniture)最多,这些瓷器最受欧洲中产阶级家庭喜爱。饮茶在英国为国粹时尚,各个阶层的家庭都普遍使用中国外贸瓷。外贸瓷器融入了他们的物质生活,不但提升了饮茶的生活情趣,同时也让西方人以拥有一套茶器或餐器(service)感到满足与自豪。

康熙朝出口高级细小型花卉青花瓷壁炉摆设(上图)
康熙朝出口高级细小型花卉青花瓷镜架摆设(下图)

第三章

中国风与东方想象

英国文学史里有一宗著名轶事，那是关于浪漫诗人柯立芝（Samuel Taylor Coleridge，1772-1834）在1797年夏天写的《忽必烈可汗》（*Kubla Khan*）一诗。诗人在诗集前序内称，因患疾服下医生开出含有鸦片的药剂，在椅中阅读柏查斯写的（Samuel Purchas，1575-1626）《柏查斯朝圣》（*Purchas His Pilgrims*，1625）一书后昏然入睡。柏书内据云曾有这一段描述：

在这里忽必烈可汗下令建宫，再加建一座大花园，就用围墙围起了十里丰沃之地。

Here the Khan Kubla commanded a palace to be built, and a stately garden thereunto. And thus ten miles of fertile ground were enclosed with a wall.

诗人梦中仍为上面句子所迷惑，神思初运，驰骋于蒙古大汗的东方想象，诗句泉涌，据云有一二百句之多。梦醒后匆匆写下，但不久有客敲门来访，逗留约数句钟。待客走后，诗人想再续前诗，然灵思已断，水中花月，客人来访有如石块投掷，激起水花，镜花水月，难再合拢，仅得下面《忽必烈可汗》一诗。

忽必烈可汗在上都诏令
兴建一座大圆盖行宫：
亚尔卑圣河流过人间
无可估量的洞窟直落阴沉大海。
于是十里沃地
就被城墙与塔楼围起：
内里是锦簇花园与蜿蜒溪流，
无数香木花开如锦；
郁茂树林有若远古山峦，
展映出片片阳光下的翠绿。

但是，噢！在那深邃浪漫峡谷
斜斜自青山横过一片掩影丝柏！

德国波茨坦（Potsdam）叹息宫（San Souci）内的圆顶中国房子

中国大使，Jean Barbault

蛮荒之地！一直是那么神圣又魂为之夺
下弦月下，一个妇人如鬼魅般为她的魔鬼情人号哭！

（下面删节原诗第二段余句，接译最后第三段）

有一回我如梦如幻般见到：
一个弹扬琴的女郎
这个阿比西尼亚少女
拨奏着扬琴
边歌边唱着阿勃拉山
我好想能在心里唤回
琴曲的和音
让内心欢喜甘作她裙下之臣，
在扬昂悠长的音乐中
我会在空中营建那座圆盖宫殿，
那阳光普照下的圆盖！那些贮满冰块的窖穴！
那些道听途说的人都应亲眼见到，
同声惊呼，当心！当心！
他那电闪的眼神，飘浮在空中的辫发！
绕圈三转盘起来，
你且虔诚惶恐闭上眼睛，
他只吃琼浆蜂蜜，
畅饮天宫仙乳。

Kubla Khan

In Xanadu did Kubla Khan

A stately pleasure-dome decree：

Where Alph，the sacred river，ran

Through caverns measureless to man

德国波茨坦的叹息宫内抚着扬琴的东方少女铜雕塑像，也许就是柯立芝梦到的

Down to a sunless sea.
So twice five miles of fertile ground
With walls and towers were girdled round：
And there were gardens bright with sinuous rills,
Where blossomed many an incense-bearing tree；
And here were forests ancient as the hills,
Enfolding sunny spots of greenery.

But oh！ that deep romantic chasm which slanted
Down the green hill athwart a cedarn cover！
A savage place！ as holy and enchanted
As e'er beneath a waning moon was haunted
By woman wailing for her demon-lover！

（Part of the 2nd stanza from the original poem is deleted here）

A damsel with a dulcimer
In a vision once I saw：
It was an Abyssinian maid,
And on her dulcimer she played,
Singing of Mount Abora.
Could I revive within me
Her symphony and song,
To such a deep delight would win me,
That with music loud and long,
I would build that dome in air,
That sunny dome！ Those caves of ice！
And all who heard should see them there,
And all should cry, Beware！ Beware！

花卉虫蝶开光外贸瓷盘，1740年，直径50.5cm，由科尼利厄斯·普龙克设计的花亭人物图，为普龙克给荷兰东印度公司设计的第四款纹样

His flashing eyes, his floating hair!
Weave a circle round him thrice,
And close your eyes with holy dread,
For he on honey-dew hath fed,
And drunk the milk of Paradise.

柯立芝成诗故事不可尽信。专家们考证出《柏查斯朝圣》不但是稀有的善本书籍，同时更厚达一千余页，柯立芝不可能坐在椅上捧读后沉沉睡去（也可能正是不堪负荷而昏睡入梦）。但即使失诗属实，我们亦不必深究何者得、何者失。柯立芝在英国浪漫主义运动中始终强调"想象力"（imagination）是最重要元素。他把幻想（fancy）与想象力分开，前者是一种脑中的机械活动，只能安排那些已储存在脑海中的知识形象思维。但想象却不一样，它有两层作用：第一层的基本想象（primary imagination）只是单向思维，从一个起点到一个终点；但第二层想象（secondary imagination）却是一个有机体（organic），拥有一种"组合想象力"（esemplastic element）质素，把许多不同分散的事物重新融会组合，而成一个复合体。

《忽必烈可汗》正是诗人强调的"组合想象力"质素，虽然上面诗歌只是节译，但已稍窥西方诗人的东方想象。

蒙古人是西方人最害怕的"黄祸"（yellow perils）。1241年，蒙古人（鞑靼人Tartars）入侵匈牙利，劫掠波兰，继而转向奥地利，欧洲一片恐慌。1252年蒙古人西征，1258年西征军攻陷巴格达，灭阿拔斯王朝，1260年攻克大马士革，除了巴勒斯坦、小亚细亚地区以外，西亚、中亚及中国北部均已处于蒙古人铁蹄控制之下。蒙古战士的恶煞形象，深深印在欧洲人的脑海。那凶悍眼神如雷霆电掣，盘向头颅或脖上的辫子凶狠如刽子手。蒙古人来了，真像狼来了一样，

布欣油画作品《猎豹》,显露东方凶猛的一面

第三章 | 中国风与东方想象

中国侠客致仰慕之意，布欣

会让三岁小孩停止啼哭。

1264年，蒙古大汗忽必烈自"上都"（即诗内的 Xanadu or Shangdu）开平府下令，迁都"大都"（Dadu）。柯立芝也许除了读《柏查斯朝圣》游记外，也读过威尼斯商人马可波罗（Marco Polo，1254–1324）的《东方见闻录》（又称《马可波罗游记》），那是由马可波罗在1298—1299年于热那亚监狱口述，同房狱友鲁斯蒂契诺（Rustichello da Pisa）记录完成的亚洲旅行著作。原书成于印刷术发明前，被翻译手抄成数种欧洲版本。但原始抄本已遗失，难辨真伪，书内通称中国为"Cathay"。

此书后来印版发行，影响欧洲人的东方想象极大，间接贡献"中国风"的无限联想。《马可波罗游记》全书共分四卷，每卷分章，每章叙述一地的情况或一件史事，共有二百二十九章。游记中记述的国家、城市的地名达一百多个，且包括山川地形、物产、气候、商贾贸易、居民、宗教信仰、风俗习惯等。该书在中古时代的地理学史、亚洲历史、中西交通史和中意关系史方面，有着重要的历史价值。

由此可知，柯立芝这首原创的《忽必烈可汗》诗作并非凭空想象，而是阅读很多东方历史游记后在心中酝酿而成。也就是说，这诗的异国情调，月下悲泣妇人、弹着扬琴来自非洲阿比西尼亚的少女（扬

西方仕女装扮东方衣裳与阳伞，仿布欣画作，挂毯

阳伞下戴笠帽穿锦袍的中国官吏,壁画,意大利G. D. Tiepolo

中国风的扬琴与锣，18世纪末，瑞典Stromsholm皇宫中国厅内画作，Lars Bolander

琴出自阿拉伯伊斯兰教国家如古波斯等地）、可汗豪华宫殿、地窖藏冰……都被诗人重新组合而成欧洲的中国风味。

中国风在西方形成风气，非一朝一夕之事，旅行家与传教士访华后的游记追述与广泛流传是最大因素。《马可波罗游记》之后，14 世纪初期尚有在北京住了三年圣方济各教派（Franciscan）的奥铎力修士（Friar Odoric）所写游记，比较着重描述中国平民百姓，譬如渔家训练鹭鸶捕鱼，妇女缠足及男人留长指甲等。14 世纪中期，明朝一度于 1368 年实行海禁，西方对中国阅读的兴趣与求知更如火如荼，《曼德维尔爵士游记》（Travels of Sir John Mandeville）应运而生，从最初的法文本一直出版到被译成十国语言的版本，在欧陆流传近两百年。人们都认为此书是介绍东方的权威之作。但是这位被称为约翰爵士（Sir John）的作者却天马行空，极尽怪异想象驰骋之能事，让西方中世纪读者看得目瞪口呆。他描述的东方（the Orient）乃是在一系列群岛中间，那儿的人耳长过膝、唇大如宽帽，也有无头怪人。东方的中心就是中国（Cathay），国内的核心皇宫住着真命天子大汗（Great Chan）。大汗皇帝的皇宫铺满赤斑豹皮，廊柱均是黄金，白银仅用作铺地或台阶，天花板用黄金打出葡萄蔓藤，悬挂着宝石明珠做的串串葡萄。

蒙古帝国自 1368 年瓦解，随后的明、清皇朝有一大段时间闭关自守，更由于这一段时期中东伊斯兰势力重新崛起，欧洲人取道来华并不方便，本来已半揭开神秘东方的面纱又重新掩下，一直到一百多年后欧洲航海事业发达，葡萄牙人达·伽马（Vasco da Gama）于 1498 年绕过好望角，到达印度的卡里卡（Calicut，中国称古里），古老文化大国印度与中国，才又重新暴露于西方人觊觎的目光下。

让西方正确了解中国的著作要到 17 世纪意大利籍耶稣会神父利玛窦（Matteo Ricci）来华定居以后。利玛窦以科学真理附会宗教教义，同时亦接受中国文化传统的洗礼。利玛窦是第一位用心研习中国文化及古代典籍的西方学者。他勤学中文，穿着中国士大夫服饰，一方面用汉语传播天主教义，另一方面用自然科学知识来博取中国

利玛窦于1602年描绘的远东地图

人好感,一开晚明到清三代士大夫学习西学的风气。由明万历至清顺治年间,一共有一百五十余种的西方书籍翻译成中文。利玛窦撰写的《天主实义》及和徐光启等人翻译欧几里得(Euclid)《几何原本》等书带给中国许多先进科学知识与哲学思想。但是利玛窦带给欧洲中国风的影响,却是他用意大利文写的日记,后由比利时耶稣会士金尼阁(Nicolas Trigault)译成拉丁文,出版于1615年的《利玛窦中国札记》。

另一本带给欧洲中国风最大影响力的游记,应是后来跟随荷兰大使进谒清顺治皇帝的使臣尼霍夫(Johan Nieuhoff,1618-1672)描绘叙述、图文并茂的游记。1654年,荷兰东印度公司决定派一个使团去中国访问,企图打破葡萄牙人在中国贸易的垄断,以及寻求更大的商业利益,并要求随团的"世界图志专家"(cosmographer of sorts)把沿途景象及其他建筑等物描绘下来。

1655年,使团从荷兰殖民地印度尼西亚的巴达维亚(Batavia)出发,全团十六人中,担任描绘一职的正是管账事务长及擅写游

身穿中国儒服的利玛窦

18世纪荷兰东印度公司的商船,1789年,13.1×14.9cm,铜版画,阿姆斯特丹海事博物馆藏

英国皇家植物园又名"邱园"的宝塔

记的尼霍夫。尼霍夫从广州沿河北上（他亦曾记载目睹清兵攻陷广州入城屠杀之事，此人游历丰富，曾去过印度、巴西、澳门等地），沿途记录各地风土人情。

十年后的1665年，尼霍夫于荷兰印行荷兰文游记《联合省的东印度公司出使中国鞑靼大汗皇帝朝廷于北京紫禁城》（以下为稍晚的冗长英文译本书名 Nieuhof, Johannes, Pieter de Goyer, Jacob de Keizer, John Ogilby, Athanasius Kircher, and Johann Adam Schall von Bell. 1673. An embassy from the East-India Company of the United Provinces, to the Grand Tartar Cham, Emperor of China deliver'd by their excellencies, Peter de Goyer and Jacob de Keyzer,

尼霍夫描绘中国文人舟中对饮的铜版画

尼霍夫描绘南京大报恩寺琉璃塔的铜版画

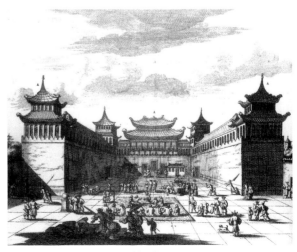

中国皇帝接见荷兰使节朝贡的铜版画

中国渔庙，William Daniels

at his imperial city of Peking: wherein the cities, towns, villages, ports, rivers, &c. in their passages from Canton to Peking are ingeniously describ'd. London: Printed by the Author at his house in White-Friers），附图一百五十张，广受欢迎，随即印行法文（1665）、德文（1666）、拉丁文（1668）、英文（1669）译本。1669年更由居住在伦敦的波希米亚著名版画家豪诺（Wenceslaus Hollar，1607-1677）抄绘原图重新出版，图版更加精细美丽，风靡一时。也许柯立芝的大梦来自阅读尼霍夫的著作。

尼霍夫书中曾用图文介绍"中国瓷塔"（The Porcelain Tower of Nanking），让南京的大报恩寺琉璃塔成为西方人最熟悉的中国建筑，也启发了路易十四于1670年在凡尔赛宫花园兴建欧洲第一座中式建筑"特里亚农"小瓷宫（Trianon de porcelaine）。英国皇家植物园又名"邱园"的十层宝塔（Kew Gardens Pagoda）（见84页图），

中国钓鱼庙，1820年，Samuel Teulon

由在伦敦的瑞典裔建筑师钱伯斯（Sir William Chambers，1723-1796）设计，也应是受到尼霍夫"中国瓷塔"的影响。钱伯斯生于瑞典首都斯德哥尔摩，1740—1749年间，在瑞典东印度公司工作期间，曾多次前往中国旅行，研究中国建筑和中国园林艺术，1749年到法国巴黎学习建筑，随后又到意大利进修建筑学五年。1755年，钱伯斯返回英国创立一家建筑师事务所，后被任命为韦尔斯亲王的建筑顾问。他的著作包括《中国房屋设计》（Designs of Chinese Buildings，London，1757）及《东方造园论》（A Dissertation on Chinese Gardening，Dublin，1773）。《东方造园论》是欧洲第一部介绍中国园林的专著，对中国园林在英国以至欧洲的流行有重要影响。

欧洲人对中国的庭院水榭亦甚为倾倒。英王乔治四世（George IV）于1825年在温莎城堡的大花园内150亩的维琴尼亚水塘（Virginia Water）前，曾建有一座壮观的饱含中国风的"中国钓鱼庙"（Chinese

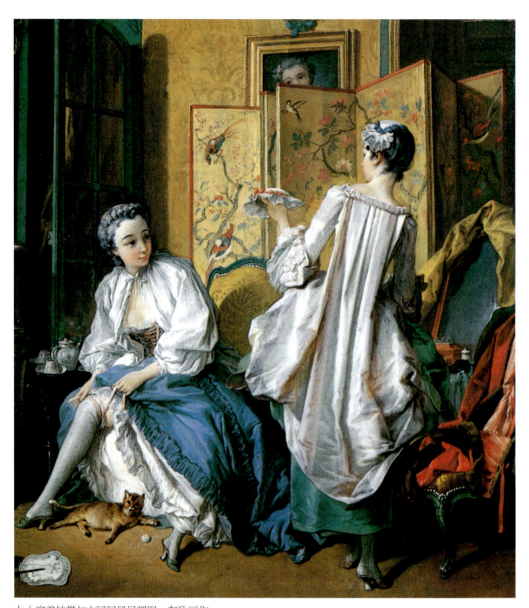

女士穿着袜带与中国屏风局部图，布欣画作

1873年瑞士Albert von Keller画作《肖邦》，背景为东方风的漆画屏风

Fishing Temple）。这座"中国钓鱼庙"由沃德维尔爵士（Sir Jeffery Wyatville，1766-1840）设计，并由室内装饰家克莱士（Frederick Crace，1779-1859）负责把大批中国外贸瓷品陈放室内。克莱士把八角形屋顶垫高，并加盖东方式的圆帽顶（copulas），在屋檐下挂上风铃，叮当作响。"中国钓鱼庙"是一座长方形建筑，中间为主体正楼，左右两翼各有一较小楼房展开，楼房外面有长廊栏杆以观水景。许多画家都曾描绘过这座渔庙，幸好如此，后人才知有此奇景，因为自乔治四世于1830年去世后，此楼亭便因乏人修缮倒塌成为废墟。后来在原址加建一座农舍小筑，但不久亦被拆掉，现今只留下当年渔庙的台阶。

Ki mau sao 女神铜版画，Michel Aubert

因此，我们看待欧洲17、18世纪原创的中国风，应把它看作对东方的憧憬与模仿，配合着那个时代玩世不恭、放纵奢华、虚无神秘、浪漫不羁、享乐至上的巴洛克与洛可可表现风格。

看待中国风也不能以中国本位主义作为典范比较，甚至讥讽之为不伦不类的辱华（但的确欧洲当时对东方文化所知极为可怜贫乏，一如当年明清所知的西方）。许多外贸瓷研究一碰到西方中国风或受洛可可风格影响的艺品，往往不屑言之，陷于中国正统（orthodoxy）或中国中心主义（Sinocentrism）的窠臼。即使西方学者如雷德侯（Lothar Ledderose）亦难"免疫"，会用西方优越心态看待一些中国出口的青花外贸瓷的图案，讥笑中国工厂的画工不懂西方宗教，连教堂的十字架也插在草地上（Lothar Ledderose，*Ten Thousand Things*，2000，p.75）。

明显地，如果我们应用现今文化批评或视觉文化批评观点，我们仍然在当年的中国风制品中，看到西方海上霸权的睥睨自大（arrogance）、欧洲皇室对宗族及族徽的尊重自豪，以及欧洲白人男性文化的雄风（masculinity）与凝视下（gaze）的东方想象所呈现的异国情调。

第三章 | 中国风与东方想象　　091

Ki Mau Sao女神瓷偶

　　当年华铎替路易十四设计装饰"妙埃特宫"（Chateau de la Muette）一系列的中国图像时，多是以西方妇人形象穿着东方衣服，因此早期中国风，仍然以西方人本位出发去耽迷异国情调。但是其中有一幅画中坐在树干上手执拂尘的中国女神，两旁各有一个长辫子满洲人向她膜拜，画名《寮国满朝 Ki Mao Sao 女神》（*The Goddess Ki Mao Sao in the Kingdom of Mang in the country of Laos*），无人知其为谁，但很明显华铎查询过某些中国书籍或文字后而起名的。当年他在巴黎认识一个叫曹先生的中国人，亦曾替他画像，其他一无所知，更不知是这位曹先生或谁捉弄他，学者们因此也晕头转向，人云亦云，有人谓观音俗家名字"妙善"，有人谓"妈祖"，都是以偏概全。"Ki Mao Sao"这名字用中国方言念起来倒像"鸡毛扫"，也就是她手中执的拂尘的俗称。这幅"Ki Mao Sao"画作早已和华铎其他画作毁于法国大革命，但后人于 1719 年却用雕刻铜版（engraving）的方式把它重绘出来印行，更塑造成陶瓷塑像（figurine），留下了追踪中国风的线索。

附

什么是 Sarawadgi？

张错

编辑先生：

2013 年 11 月 26 日自《联副》得阅邱博舜教授讲评钱伯斯《东方造园论》一书及《近代东风西渐的智巧与浪漫〈东方造园论〉》一文，内文提到中国庭院所谓 Sarawadgi 一词，并云"'Sarawadgi'（曾被译成'洒落伟奇'）是常被讨论的一个字眼，意指自然不规则之美。随而发展出自然地景园林，带有宽广的草地、湖泊，蜿蜒的步道和扶疏错落的林木"。我因近年研究中国风（Chinoiserie）及外贸画，亦有涉及瑞典裔建筑师钱伯斯在邱园的十层宝塔设计。谨把 Sarawadgi 来源及字义提供邱教授参考。Sarawadgi 最早由英国的谭波爵士（Sir William Temple, 1628–1699）提出，谭波对中国及儒家政治理想极为景仰（《论豪杰德性》"Upon Heroick Virtue", 1683），自从在 Farnham 买下房产营建花园，又在 1685 年写下《论享乐花园》（"Upon Epicurean Gardens"），内文对中国庭园推崇备至，首次提出并阐述中国庭院以自然生态作为一种浪漫主义的 Sarawadgi 观念，影响下一世纪的"英国园林"（jardin anglais）。谭波不谙中文，但此词一出，梅逊、艾狄逊、波普众皆响应，也一度难倒了许多学者专家，原来乃是出自中国道家思想"化腐朽为神奇"一词（《庄子》"腐朽复化为神奇"），经日语音译而成。其实钱伯斯的 Sarawadgi 在汉学界没有多大影响，倒是美国当代历史哲学及思想史家阿瑟·洛芙乔依（A. O. Lovejoy）的一篇《某种浪漫主义的中国根源》（"The Chinese Origin of a Romanticism"）内提到中国 Sarawadgi 及园林浪漫主义发展渊源，至今仍为自然诗歌、园林研究视为必读圭臬。洛芙乔依是思想史（History of Ideas）观念创始人，强调的思想单元（unit-idea）对艺术史及建筑史极具启发作用。

（原载《联合报》副刊　2013 年 12 月 4 日）

第四章

印度花布与壁纸

毋庸置疑，中国陶瓷是西方人心中极具代表性的东方形象，所以瓷器（china）即中国（China），是艺术鉴赏或日常生活不可或缺的物质文化项目。也就是说，瓷器是中国风物质文化的一种，其他还有纺织品（textiles）、绘画、漆器、折扇、壁纸（wallpaper）、壁画板（panels）、挂毡（tapestry）、地毡（carpets）、建筑等，其中绘画又与壁纸、挂毡、地毡紧密相连，因为后三者多用画家画稿（cartoons）作为纺织图案。

在这许多类别中，纺织品在欧洲的中国风形成过程里占了一个极重要位置。纺织品主要包括三类，即丝织品（silk）、棉织品布料（cotton）及刺绣（needlework）。本章拟论东方纺织品进入欧洲后与中国风的互动，以及室内装饰如壁板画及壁纸图绘的变化。

来自印度的印花布曾风靡一时，英国早期依赖航运进口印度蓝印花棉布（blue calico 或 blue chintz），颇有中国青花瓷蓝天白云味道，物以稀为贵，众人趋之若鹜。"卡里可"（calico）一字来自印度西南部阿拉伯海岸港口城市"卡里卡"（Calicut），此城出产胡椒及生姜，是一个航船中途淡水及食物补给站，也是重要的港口与贸易中心。从此地可再横穿印度洋向非洲东海岸进发，明朝郑和（1371—1433）下西洋时即驻留于此，呼为"古里"国。达·伽马亦是多次攻破此地，取得棉布控制权，甚至郑和及达·伽马两人均先后在此地逝世。达·伽马的骸骨要到后来才从"卡里卡"移回葡萄牙安葬。

"卡里卡"城自7世纪就是印度和阿拉伯人的贸易中心，以手工织布最为著名。从16世纪开始由葡萄牙人输往英国的白色或印花棉布料就被用这地名称呼为"卡里可"calico 或 chintz，或是葡萄牙语"pintados"。航运文献显示，1601年，英国 Derbyshire 的贵族庄园"哈德维克"（Hardwick Hall）的订货单里就有一张来自印度的黄色花簇鸟兽锦绣被子（quilt，也可能是床罩 bedspread）的记录。1613年，英国香料商船"胡椒粒"号（Peppercorn）自印度输入一些印花棉布，尚未上市，就被"东印度公司"的董事们当作自家人的"额外红利"（perks）抢夺一空，以至董事会还一再查询是否需

印度蓝印花布

要增购。后来的确是向印度增购了，但1643年文件又显示因为被子款式不对，底色碎花太过抢眼，需要纯白底色及印花图案聚集在被子中间。到了1662年，英国商人甚至采取一项新措施，在英国自己造好木印底版图案，携往印度印制，就像通过同样的措施把木印底版图案携往中国或日本订造印花丝绸一样。

　　至少我们可以从上述的事件发现，印度花布并非只用来做衣服，而是大幅的布匹被用来做盖被等卧寝用品，而且除了碎花图案，还

第四章 | 印度花布与壁纸

壁纸板图画

花草壁纸

印度红印花布

15世纪印度生命树织布

流行着一种印度"生命之树"（tree of life）或"印度树"（Indian tree，一种像中国杨柳的大树）。花果飞鸟图案，取自东方神话中的神木，用树根、树木及枝丫连接阴间、人间与天堂。从树的主干伸出无数密集枝丫树叶，上面藏着鸟语花香，形成一树众枝的统一纹饰，笔法带着异国情调，分不清是否来自南亚印度或中亚波斯，但无可置疑地散发出强烈的中国风气息。

印度花布物美价廉太受欢迎了，严重影响欧洲的丝绸市场。法国首先在1686年禁止印度花布入口，而花布多从英国转口输入，更加重印度花布供应过剩，严重影响当地的织布工业。英国1719年已有纺工和织工，伦敦东区以纺织业为主的"史必塔菲尔兹织工"（Spitalfields weavers，多指加尔文教派的基督新教徒Huguenots）就非常仇视印度花布。1719年，失业织工们暴动游行抗议纺织厂裁员，看到妇女穿着花布，会故意自后面扯掉，更把"溺水"（aqua fortis）倒在穿着花布衣裙的妇女身上引起腐蚀，可见其心中仇恨之火之强烈。英国在1676年已可自行生产印花布，因此英法两国强迫

第四章 | 印度花布与壁纸

早期生命树挂毯（上图）
当代印度生命树的图案（右图及下图）

单色铜版印花布

装饰壁板的猴戏图画，于埃

限制印度花布及中国丝绸入口，自是意料中事。但是禁者自禁，此举更加强了消费者的好奇与渴切，造就走私货及私人囤积一时、奇货可居的现象。

纺织品中的丝类成品是中国风的重要承载，它不只自中国进口，欧洲妇女也会加工刺绣，使图案千变万化，迎合当年巴洛克或洛可可的奔放奢华风格。后来由于房间墙壁的大量需求，皇宫与贵族们的寝室、餐室都需要大量东方色彩的绢布用作壁纸装饰房间。恰好其时铜版（engraved copper plates）印刷技术发达，1759年法国中北部一个小镇约伊（Jouy）的一名法裔德国人发明了将绘制好的铜版画印在棉布上的方法，铜版是凹版，所以它的方法、效果与木刻印花（woodblock prints）刚好相反，但只能印一种颜色，法文棉布叫"toile"，这种大量用来贴墙的单色印花布就叫"toile de Jouy"，在18世纪极为流行，而图案大都以中国风为主。

基本上凡以蚕丝为经纬原料，利用机械操作，纵横交错，织成绸匹的中国丝绸统称织绸。织绸随着技术进步，机器亦跟着创新。丝织物厚者叫绢，薄者叫绫，厚有光泽者叫缎（satin），轻软有疏孔者叫罗（gauze）。现今一般所称的"绫罗绸缎"，绫罗应该属于薄者，绸缎属于厚者，颜色没有分别。西方一般丝织品仍以"丝"（silk）呼之，早年叙利亚的大马士革（Damascus）生产丝绸，绢绸又叫"damask"。

1700—1730年间，欧洲又产生了带有强烈中国风的"古怪丝绸"（bizarre silk）。这种本是用来印在软麻布家具或装修上的异国情调壁画板（panels），大都出自设计猴戏（singerie）图和中国纹样的于埃（Christophe Huet，1694-1759）及皮耶芒（Jean Pillement，1728-1808）两人之手，现今大量印在丝绸上（其实亦有当年印度花布的

《热饮》《冷饮》，油画，于埃

遗风），的确让洛可可风格如鱼得水。在巴黎北部的香提伊堡（Petit Chateau de Chantilly）内波旁公爵与公爵夫人（Duke and Duchess Bourbon）房间走廊就装有于埃于1735年设计的一系列六幅猴戏图画室内装饰壁板，充满狂野想象与异域风情，已为中国风经典。此外，美国亚拉巴马州伯明翰博物馆（Birmingham Museum）亦藏有于埃

《狩猎野餐》，于埃　　　　　　　　　　　　　《公园野餐》，于埃

四幅阿拉伯风系列挂壁油画，分别为《热饮》（*The Hot Drink*）、《冷饮》（*The Cold Drink*）、《公园野餐》（*The Picnic in the Park*）、《狩猎野餐》（*The Hunt Picnic*）。画内绘有阿拉伯王公与妃子们的饮宴场景，《公园野餐》画中更有中国侍者备酒、捧上水果盘，桌中央还赫然坐着一只猴子捧食果子。

皮耶芒的中国风油画

第四章 | 印度花布与壁纸

中国风壁纸

英国人绘制的中国风壁纸

第四章 | 印度花布与壁纸

18世纪法国进口的中国风花卉壁纸

18世纪法国进口的中国风花卉壁纸

18世纪法国进口的中国风禽鸟花卉壁纸

皮耶芒油画亦不遑多让，在许多欧洲行宫的中国客厅或房间（Chinese salons and room）内，皮耶芒的大型中国风画作带给西方人无限的东方想象，它们包括昆虫鸟兽，奇花异草，各式东方人物的奇装异服，吹奏敲打奇形怪状的乐器，令人着迷，同时亦带来中国风壁纸（panels of wall paper）的制作与流行，而这些壁纸大都用作装饰妇女寝室或化妆室。（见106页图）

但是洛可可并不等于中国风，中国风亦未推动洛可可风格的形成，它只是洛可可风格如鱼得水中的推波助澜，益添异趣。以《世界艺术史》一书成名的英国学者欧纳（Hugh Honour）早在他那本《中国风：朝向中国的视野》（*Chinoiserie: The Vision of Cathay*，1961）内强调，"有人曾提出远东输入的货品造成洛可可风格的崛起，那不止误解了18世纪对东方的态度，也误解了洛可可本身的风格"。（"It has sometimes been suggested that imports from the Far East were responsible for the rise of the rcoco style itself; but this is to misunderstand both the eighteen-century attitude to the Orient and the nature of the rococo"，Honour，p.88）。洛可可不单是一种自发（autonomous）风格，同时紧密连接着巴洛克风格，更是对巴洛克的一种反动。

中国室内设计本来并无壁纸装饰，但是 18 世纪广东外销画的彩绘人物花卉，引发西方人以夸张式东方情调绘图用作室内壁纸装饰的兴趣。1775 年，英国东印度公司的一艘船只携来二千二百三十六张彩绘挂画（painted paper panels），但并没有引起太大商机。不过随着许多行宫的中国客厅或房间兴建，以全套中国风的壁纸装饰，似乎更能增强浓厚的东方色彩情调，殊不知这些壁纸的引进，却把西方轻浮的洛可可中国风之风格带向健康写实的一面。

从华铎、布欣到于埃、皮耶芒，这些人从未到访过中国，都是不着边际的东方想象，所谓模仿东方，其实是充满着狂野即兴幻想。布欣有一幅代表性的中国风油画《中国婚礼》（The Chinese Wedding），亦是挂毡草图，现存法国贝桑松"美术考古博物馆"（Musee des Beaux Arts et d'Archeologie，Besancon）。布欣的灵感来自荷兰人蒙达纳斯（Arnoldus Montanus，1625-1683）铜版画的启发。蒙达纳斯曾随荷兰东印度公司四海漫游，到过中、日以及美洲等地，还写过一本小书，是有关荷兰战舰如何与清军联手攻打郑经统治的台湾。那时候挂毡在欧洲中国风装饰的地位不逊壁板画，不只是它们随时可以取下变换悬挂，同时纺织技术已进步到把挂毡四围纺织成画框模样，如此一来，就更可与大型油画媲美了。当年布欣在路易十五及其情妇庞巴度夫人（Madame de Pompadour）庇荫下，出任波维（Beauvais）及哥白林（Gobelin）等皇家工厂总裁。这些皇家工厂出产各类宫内艺术装饰品，哥白林工厂生产的挂毡远近驰名，因而布欣一共设计了八组不同的挂毡画作，它们分别被织成不同尺寸的挂毡，主题风格紧密追随布欣油画作品，大都以希腊神话及东方神秘中国风为主。

《中国婚礼》布局是用西洋基本透视法把前景空间尽量展开，而让焦点落在中间的婚礼。画内有三张罗盖，中间一顶圆盖下坐着一只似猴似猿之偶像，中间阳具竖起。两旁由两童仆分执小罗伞给新郎新娘盖顶遮阴，正中台阶站着主持婚礼的法师，头戴似道教的八卦长帽，身披混元巾。新郎右手执指环，左手与新娘左手分执一

中国婚礼，1742，布欣

枝火棒共燃一火,以示结合,每人脚下有火种四盘,应是取火之处。台阶前的广场上乱七八糟,有如墟场,右边有侍女在火上烘焙方盘,盘上不知放置者为何物。广场有矛头箭矢、铜壶瓷罐,左边坐着一个圆胖汉子,双手高捧一座圆轴车轮有似扳箭的弓床,叹为观止的模样,其实不知所谓。

英国海外霸权逐步扩张,从印度至东南亚及中国沿海一带。葡萄牙势力萎缩后,为西班牙、荷兰所凌驾,法国的海外订购多来自荷兰商船,英国东印度公司则直接输入中国壁纸,纸上图绘多出自广州、港澳外销画家之手,而这类出自中国工笔写实的彩绘画风,的确扭转了欧洲洛可可中国风游戏人间放荡不羁的一面。英国维多利亚和阿尔伯博物馆收藏有两幅18世纪末中国壁纸,绘制年份应为1790—1800年及1810—1830年间,分别为《狩猎图》与《花果盘景图》水彩画,尺寸为395×118.2厘米及243.9×122厘米。虽然现今只各存一大幅,但已看出其规模之大。欧洲皇宫大宅喜用中国壁纸把四面墙壁全部贴满,因而壁纸涂绘叙事性特强,以供耐看。《狩猎图》下角有数字"20",表明是一组图画的第二十幅。一般一组壁纸由二十四幅图画组成,或是八张一组,共三组,由顾客分组选购。

《狩猎图》并不如威尔逊女士(Verity Wilson)那般视为神话人物狩猎行动,他们是地道的清朝贵族骑马出猎,亦即如英国贵族秋高气爽时外出猎狐狸一样,唯这张壁纸没有猎犬,只有奴仆们四处打锣吆喝,并用矛杆之类遍山骚扰惊动鸟兽,以让白马贵人随意猎杀。壁纸色彩艳丽,岩石屹然,颇见皴法,水波流漾,可惜只剩一幅,未见全景。然而《狩猎图》的主题,经常出现在民窑青花外贸瓷杯或盘上。

《花果盘景图》则自成单元,组合裱贴墙壁较易,不像《狩猎图》那般连环贯串,稍一不慎,图画不贴切连接,便会露出破绽。盘景为一株荔枝树种在海青大瓮内,旁有太湖石陪衬,红荔成串、绿叶遮掩,煞是好看。盘景外有花树数株,有绣球花、海棠花、牡丹、三色堇、雏菊、素心兰。绣球花枝干、牡丹枝旁有两只丹顶鹤,地

第四章 ｜ 印度花布与壁纸

狩猎图局部

花果盘景图

《花鹊图》 大型壁绢

上草蜢两只,空中有蜻蜓、蛱蝶,组成一幅具有强烈东方色彩的园林风光图。

种种外贸货物进入西方,增添西方人对这些货品及生产来源的兴趣,壁纸的描绘亦不乏茶园摘茶、瓷厂制器或南方种植稻米到打谷、白米、筛米、南方华人生活起居等各样场景。美国开国总统华盛顿对中国瓷器的兴趣为人所熟知,他也曾于1787年向商人查询是否可订购壁纸来装饰弗吉尼亚州"维农山庄"(Mount Vernon)的饭厅。从18世纪末到19世纪初,中国壁纸的质量奢华,已由壁画纸进展为壁画绢(silk)。美国波士顿皮博迪埃塞克斯博物馆(Peabody Essex Museum)藏有一幅《花鹊图》大型壁绢,约365×112cm,白花如雪,凤鸟鸾鸣,一片喜庆吉祥,装框后已无异于巨幅工笔国画。

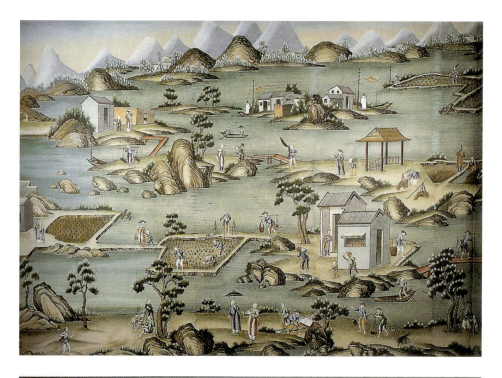

南方稻米种植壁纸（上、下图）

第五章

另一种写实中国风：钱纳利与亚历山大

钱纳利自画像

英国画家钱纳利（George Chinnery，1774-1852）是一则西方画家在东方的传奇，他代表一个时代话语。19世纪"中国风"异国风情的延续与变异，从幻怪不羁的巴洛克与洛可可，转变为另一种抒情写实，将印度、中国的香港和澳门，与局部开放的广州连接在一起。钱纳利用一种特权阶级身份去审视身处的异国，以写实风格，忠实记录演绎一个西方人眼底的中国，不是想象，更不是幻想。

到了钱纳利的19世纪前期，西方想象式的中国风开始进展为现实式的"中国贸易"（China Trade），西方对中国的认识已不是当年路易十四般的吴下阿蒙，一知半解。相反地，精于官商勾结的东印度公司在海外霸权扩张之余，也将在中国身履其地的经历及所见所闻，反映在书写及订制的绘画上。钱纳利许多画作，正是19世纪一个西方画家眼中呈现的中国南方的风土人情与风貌。

1987年，英国伦敦一家出版社利用香港"上海汇丰银行"收藏的钱纳利的画作，出版了一本《番鬼画》（*Fan Kuei Pictures*，Spink&Son Ltd.，for The HongKong and Shanghai Banking Corporation，London，1987），作者为任教于伦敦大学亚非学院（SOAS）专研印度建筑史及东亚艺术史的提洛森（G. H. R. Tillotson，1960-）。此书对钱纳利及其他来华游历的西方画家有详尽的精辟介绍，更配合当年许多帝国主义与殖民主义的背景透视。钱纳利为该书代表人物，因此亦等于他的传记，以及其他来华画家的报道。

书名提到的"番鬼"，是粤语对西方人的贬称。番者，未开化之生番也；鬼者，非常人面貌也。因此，番鬼、番鬼佬或番鬼婆，鬼佬或鬼婆都是不客气的称呼，中国人不会公开称呼西方人为番鬼，只有西方人自称番鬼，才有自我解嘲的味道。居住在澳门的外

钱纳利自画像

商亨德（William C. Hunter），在英国就曾出版有《广州番鬼录》（*The fankwae at Canton before treaty days*，1825-1844，by An Old Resident，Kegan Paul，Trench & Co. London，1882），中译本由广东人民出版社 1993 年 4 月再版），所以最先自称番鬼的并非提洛森，而是隐名为"老居民"（An Old Resident）的威廉·亨德。他也是钱纳利的老朋友，钱纳利在澳门去世当晚，他是陪伴钱纳利的三个友人之一，并且在另一本书《旧中国杂记》中（*Bits of Old China*，Kegan Paul，Trench&Co London，1885，pp. 273-274）忠实记录了当晚情景。

《广州番鬼录》主要描述在中美《望厦条约》签订前的 1825 至 1844 年期间，外商在广州口岸活动的情形。内容涉及早期中西贸易和中西关系，详细反映第一次鸦片战争前十三行贸易活动，以及当时鸦片贸易情况。1757 年后，广州成为中国唯一对外通商口岸，使部分十三行商人成为巨富。他们在广州西关建造起富丽堂皇的家园。书内有如此描述："规模宏伟，有布局奇巧的花园，引水为湖，叠石为山，溪上架桥，圆石铺路，游鱼飞鸟，千姿百态，穷其幽胜。"而这些文字描述，现今只能依靠当年在广州外销画家们的描绘追忆了。

不知哪个促狭鬼给钱纳利起了这个中文名字，念起来像打着算盘记账的钱庄老板，但稍微涉猎中西文化史的人都会知道，尤其是研究澳门历史的人，葡萄牙政府一度曾用他的名字命名他住所的街道。他出生在英国，住在伦敦卖画为生，只因有一个爱尔兰贵族的叔父，被唤去为叔绘像，就此居留下来，并且娶了珠宝商人房东的女儿。他有一幅用铅笔水彩为年轻妻子玛莉安（Marianne Vigne）作的素描，端庄秀丽，明眸皓齿，一点也不像钱纳利一生向外人抱怨娶到的丑陋婆娘。据说也就是这个理由驱使他出洋远航，当时唯一的出外谋生途径就是向英国东印度公司申请，他的东方第一站是印度的海港城市玛德拉斯（Madras），钱纳利有一个兄长很早在那儿定居做买卖。

印度 Bengal 河边茅屋，钱纳利

钱纳利笔下年轻妻子玛莉安的素描画像

第五章 另一种写实中国风：钱纳利与亚历山大

那时仍然流行在象牙上画人像袖珍画（miniature paintings），钱纳利未能免俗，从英国到印度，主要都是画袖珍画，但太费眼神，眼力日损，遂开始用油彩画在较大的帆布上，开始了他辉煌的人像油画艺术生涯。

钱纳利在印度最有代表性的人像油画是《科帕特里克儿女》（*The Kirpatrick Children*），画的是一对英印混血小兄妹。这对兄妹的父亲詹姆士·科帕特里克（James Achilles Kirpatrick）有着一个凄恻缠绵的异族婚姻故事。詹姆士本来是一个在印度东印度公司长大的趾高气扬的年轻少校军官，1795年来到海得拉巴（Hyderabad）做驻守代表（Resident）后，与本地波斯族一个年轻公主妮莎（Khair-un-Nissa）坠入爱河，把自己变成伊斯兰教徒，改穿印度衣服，抽长管水烟，嚼槟榔。1801年，两人结婚，海得拉巴是当时英国殖民统治下保持独立城邦模式最大的一个王国，詹姆士与异族联婚等于背叛英国而效忠印度。而婚后四年，詹姆士在赴加尔各答（Calcutta）途中死于非命，那年（1805）他的小女儿刚刚诞生，一对异国情鸳就此离散。妮莎为詹姆士的助手军官诱奸又遭抛弃，不久亦郁郁以终。

如果没有钱纳利这幅《科帕特里克儿女》，历史大概不会如此垂青科帕特里克家庭的故事。两个小儿女后来回到英国，交给祖父抚养，男孩威廉（William）于二十七岁被开水烫伤截肢，不久就去世；女孩加芙纳莲（Katherine Aurora "Kitty" Kirpatrick，小名基蒂）长得标致可人，更一度为写《英雄与英雄崇拜》（*Hero and Hero Worship*）的苏格兰作家加莱尔（Thomas Carlyle）所追求，但穷书生配不上富家女，她后来嫁给一个军官。多年后，钱纳利这幅《科帕特里克儿女》转手，运回英国，收藏在私人贵族官邸内，有一天被加芙纳莲看到了，她泪如雨下，哭着告诉女主人罗素夫人那个小男孩就是她那夭亡的哥哥，兄妹俩当年站在的楼梯正是他们在印度华丽楼屋的入口处，但她很小的时候就看不到这房子了。后来凭借罗素夫妇协助，她与印度的外祖母取得联络，两人通讯多年，但始

《科帕特里克少校》，油画，钱纳利

第五章 | 另一种写实中国风:钱纳利与亚历山大

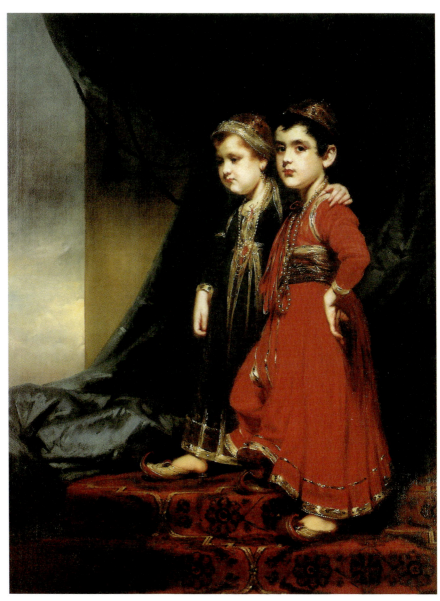

《科帕特里克的儿女》,油画,钱纳利

钱纳利画的老友亨德

终没有见面。

　　钱纳利在印度的人像油画名气越来越大,1807 年的订单让他搬到加尔各答,但他挥霍无度,虽滴酒不沾却爱宴会庆典、盛筵美食,据说也养情妇,虽然一直抱怨发妻丑陋,但自己的尊容也好不到哪儿去,和他交往的美国名媛哈莉洛·卢(Harriet Low)后来出版的日记就曾提到过,他的自画像也是见证。

　　"大祸"终于来临,钱纳利在英国的"黄面婆"要来印度找他。《旧中国杂记》曾有一段指出钱纳利在加尔各答住到 1825 年,因为"大麻烦"来了,他不要被"穷其一生所看到最丑陋的妇人缚住"(tied to the ugliest woman he ever saw in the whole course of his life),便急忙卷铺盖逃往澳门,但又怕老婆追踪而来,便径自来到广州,这就是《旧中国杂记》作者亨德第一次碰到他的地方。在清朝,广州有法例,外国妇女不能进入省城,西方人也不许携眷在广州居住。虽然不准西方人在广州长期逗留,但许多外国人阳奉阴违,在十三

第五章 | 另一种写实中国风：钱纳利与亚历山大　　129

铅笔素描速写页，钱纳利

钱纳利所绘疍家渔娘与中国佚名画家的妇女油画比较

行富商的掩护下也可在西关一带居住,这就是钱纳利能够长期出入广州与澳门两地的原因,并能大量速写当地人物、行业与风物。但据说他逃离印度的最大原因,应是欠下一大笔债务,只好远走高飞。

他的画作主要收入是人像油画,洋商与十三行富商均以被他造像为荣,因为钱纳利是当地首屈一指的正牌英国画家,比本地"林卦"(Lamqua)、"廷卦"(Tingqua)的画作更值钱,而后人也在他的大量画作中发现,他画十三行富商均全力而为,不敢托大,譬如给"广利行"卢继光富商"茂官"(Mawqua)作像,全程自己绘制,但画其他洋商,却经常让助手收尾,即使为他老友亨德(William C.Hunter)

第五章 | 另一种写实中国风:钱纳利与亚历山大

钱纳利画的澳门北边海湾,应是现在的南湾

钱纳利所画的澳门渔船,钢笔彩画

澳门疍家船户，水彩画，钱纳利

钱纳利所画的广州黄埔滩头

造像（不收费用？），也在画像的手部及下半身裤子出现败笔。

钱纳利的身份仍然是英国画家，他远涉重洋，忠实描绘眼底的中国，没有幻想，没有插科打诨的仿演（mimicking）。许多穷街陋巷、贩夫走卒、水上人家，在他的画笔下几乎是一个个微型小世界。那是西方人文艺术的一种人性关怀与宽容，超越了人种国界。澳门政府对他一直敬重，正如同他对澳门的眷恋深情（甚至埋骨澳门）。

每个城市都随着时代变化，没有一个城市相貌始终如一，但是文学艺术可以为城市定影，让人追寻那些逝去的岁月与废墟。钱纳利画笔为某一时代的中国景物留驻，时光不会倒流，历史不会回头，但他提供给一度沉迷于中国风想象的西方人，一个真实的中国印象。

另一个英国画家威廉·亚历山大（William Alexander，1767-1816，中文名字又叫额乐桑德，是清廷给他起的名字）比钱纳利还早来到中国，而且游历丰富，视野广阔，走访中国南北各地。1793年，英使马戛尔尼（George Macartney, 1st Earl Macartney，1737-1806）使华的重大历史行动，亚历山大是随团画家。

亚历山大十七岁（1784）就进入英国最有名的皇家美术学院（Royal Academy of Arts）就读，并在老师艾伯森（Julius Caesar Ibbetson，本来艾伯森曾留驻爪哇，但因病回英，无力再去中国）推荐下成为英王

澳门基督徒坟场

钱纳利墓地

乔治三世特使马戛尔尼使华团的绘图员。1792年9月25日，英国六十四门炮舰的战船"雄狮号"（MS Lion）及东印度公司最大商船"印度斯坦号"（HMS Hindostan）离开英国南部的朴次茅斯港，开始前往中国的远航。一年后在热河行宫，马戛尔尼获得乾隆皇帝接见，进行了第一次正式会面，会面结果是众所周知的不欢而散。清政府要求马戛尔尼行三跪九叩大礼，而他则要求以觐见英王的礼仪，行单腿下跪、吻手礼。双方僵持不下，最终都没有达到彼此目的，结果英国使团一行以单腿下跪之礼草草收场。

亚历山大回英后，每年都会到皇家学院举办画展，1795—1804年间，他共举行了十六次画展，前十三次均与中国相关。而今大约有三千幅亚历山大的作品存世。

使团副使乔治·士丹顿（Sir George Staunton）后来著有《英使谒见乾隆纪实》（*An Authentic Account of an Embassy from King of Great Britain to the Emperor of China, including cursory observations made, and in formation obtained in travelling through that ancient empire, and a small part of Chinese Tartary*，1797），

亚历山大的中文名字

共三册，第一、二册是文字，第三册是大开本（43.5×58cm）的铜版画册，共收录四十四幅图。这四十四幅图中三幅动植物图，如交趾支那的霸王树及其树叶上的昆虫，爪哇的凤冠火背鹇和鸤鹈；十一幅地图及海岸线，如舟山群岛、山东和澳门，尤其第一幅地图

第五章 | 另一种写实中国风：钱纳利与亚历山大

英使马戛尔尼，Lemuel Francis Abbott 绘

是使团往返路线图，详细标注每个锚点的日期和水深。地图尺寸巨大，展开后的尺寸有 99×64.5cm；五幅剖面图，如圆明园正大光明殿、古北口长城、热河小布达拉宫、运河水闸、水车等；二十五幅中国风俗人物，均出自亚历山大之手。

但是很少人会提到乔治·士丹顿的儿子小士丹顿（第二代士丹顿从男爵 Sir George Thomas Staunton, 2nd Baronet, 1781—1859）。那时，他年仅十一岁，于 1792 年伴随为副使的父亲与马戛尔尼前往中国庆贺乾隆帝八十大寿，因为航程长达一年，他聪颖伶俐，在船上跟随中文译员学得一口流利中文，随父见到乾隆时，大得乾隆欢心，并获得皇帝特别赏赐。此子长大后成为"中国通"，香港甚至将中环一条街道以他的名字命名。他对中国的爱恨交织充满争议，把牛痘疫苗接种引介入中国，自然功德无量；但同时又是英议院第一个

英国画家贺普那绘《小士丹顿与母亲》油画,后面不伦不类站着一个年轻的清朝官员

赞同发起鸦片战争的官员,令人可恨。

另外,正使随员巴洛(Sir John Barrow)有两本著作《中国之旅》(*Travels in China*,1804)及《航向交趾支那》(*Voyage to Cochin China*,1806),均由亚历山大画插图。安德逊(Aneas Anderson)是"雄狮号"第一大副,1795年出版了《1792—1794年英国至中国使节团之叙事》(*A Narrative of the British Embassy to China, in the Years 1792, 1793 and 1794*)。这套书没有收录图片,当年5月又印行了一种八开的普及本。因为是使团成员出版的第一套见闻录,极受欢迎,后来亦有法、德、西、日、中等翻译版本。

第五章 | 另一种写实中国风：钱纳利与亚历山大　　　　　　　　　　　　　　　137

乾隆帝在热河的帐篷接见英使，亚历山大

　　亚历山大并没能全程跟随使团，热河之行就没有参加，也没见到皇帝。从杭州到广州的返乡之行他又被安排走海路，错过了陆路秀丽风景。尽管如此，亚历山大还是根据自己的素描及同伴描述，绘制了热河及江南风光。譬如有一幅乾隆在热河帐篷接见马戛尔尼使团的水彩画，但见乾隆皇坐轿椅，两旁分列文武百官及鼓乐手。图右下角马戛尔尼等人在等待，还有小士丹顿在后面给马戛尔尼提袍。其实亚历山大并没有身临其境，他应该是依据旁述材料绘出。因为亚历山大没有到过热河，这幅画的蓝图极可能取自郎世宁（Giuseppe Castiglione）的一幅《乾隆接见外国使节图》，并由 T. S. Helman 绘制加色成铜版画。

苏州城外塔楼,亚历山大

佛塔,亚历山大

宁波海口的中国战船,亚历山大

船只穿过水闸,亚历山大

天津城外,亚历山大

中国船只,亚历山大

全身戎装士兵,亚历山大

温大臣（武官），亚历山大

舞台剧角,亚历山大

聚赌赛鸽,亚历山大

伞下，亚历山大

纤夫聚食,亚历山大

自画像，1793年，亚历山大

至于小士丹顿，后来也有一幅由擅于描绘妇女与小孩的英国画家贺普那（John Hoppner，1758-1810）绘作他与母亲（Lady Ann Staunton）的油画，后面不伦不类站着一个年轻的清朝官员，学者多看作侍从。

因为亚历山大多走水路，描绘中国江河船只及水上人家特别丰富。大概他性情平易近人，所以上至军官大臣，下至散兵游勇，他都能细心描绘各人服饰与表情。至于河流市镇，平民百姓，在亚历山大笔底也极为传神。

他的著作《中国服饰》（The Costume of China，1805）是描绘中国的铜版画，散页形式，共十二辑，每辑四幅，从 1797 年 7 月直到 1804 年 11 月出完，最后在 1805 年发行了合订本。四十八幅铜版画全部手工上色，尺幅巨大，且都为亚历山大本人绘制，每幅图还有一页文字说明。1814 年，约翰·默里（John Murray）在伦敦刊行了另一套四本名为"图鉴"的画册，其中一册即亚历山大的《中国人的服饰和习俗图鉴》（Picturesque Representations of the Dress and Manners of the Chinese），收录彩色铜版画五十幅，内容与 1805 年出版的《中国服饰》不同，图画精细程度亦不如前。此外，亚历山大还在 1798 年出版有《1792—1793 年沿中国东海岸之旅途中各海岬、海岛之景貌》（Views of Headlands，Islands&c. Taken during a Voyage to and along the Eastern Coast of China in the Years 1792&1793，etc），可惜这书内容始终不及反映中国社会风俗的水彩画，因此并无太大影响。

亚历山大回英不久就结了婚，妻子早逝，鳏居。为了生活稳定，他曾在学院任教了一段期间，但不堪学校的欺榨廉价劳力，愤然抗议，要求加薪或离职，最后选择了后者，而改在"大英博物馆"任职至退休。

亚历山大拥有沉默温和的性格，因此描绘中国人物风景，线条细腻柔和、和谐优雅。他与钱纳利不同处在于描述角度，钱纳利永远是一个异乡人，在一种远距离的角度下凝视中国；亚历山大的水彩画与中国非常接近而有感情，差不多没有距离，而且能非常纤细地用文字和图画描述人物、衣饰、性格、风景、建筑、习俗，他的中国世界比钱纳利丰富多了。亚历山大科班出身，素描功力深厚，文化演绎精湛，中西文化史至今仍然欠他一个公道。而他与世无争的态度，就好像他的素描自画像一样，英俊秀气的脸庞多了一块右眼罩，像独眼龙，像海盗，然而嘴唇紧闭，一脸自命不凡的表情，好像对这个世界说，你们没有看到我，我用一只眼睛看你们也就够了。

第六章

从东方想象到东方印象
——林官、廷官与《中国服饰》

《荷兰东印度公司的远征》，17世纪中叶，荷兰船只停泊在广州黄埔海岸的情景，1665年，18.8×29.7cm，铜版画，阿姆斯特丹

一直要到1839年8月19日法国画家路易·达盖尔（Louis Daguerre，1787-1851）才发明世界上第一台真正可携式木箱的照相机，在此以前，一切景象存留都要依赖图画描绘。画家是艺术家，因为绘画是一项专业训练，画家又不只是艺术家，除了人像画（portraiture）与风景画（landscape painting）外，画家还是一个图志记录专家，除用文字外，尚能用视觉文本去呈现及记录他的印象观感。在18世纪拥有西方海上霸权的国家，尤其是隶属它们的东印度公司，经常有船东来，船上载了一些专业画家，他们在南亚及东南亚一带采访居留，携回一张张真实的东方印象。如此一来，这类的东方印象绘画远胜于洛可可时代华铎出于东方想象的画作了。

追认最早带给欧洲"中国风"最大影响力的游记与绘图，应该是跟随荷兰大使进谒清顺治皇帝的使臣尼霍夫（Johan Nieuhoff，1618-1672）所描绘及后人用铜版制图出版的《联合省的东印度公司

林官《英国商人》油画，右下角有亲笔签名"广东林卦"，留意手部败笔

出使中国鞑靼大汗皇帝朝廷于北京紫禁城》一书。18、19世纪后开启了中国出口所谓东方印象的外销画的时代。广东一带画家多是替人写真绘像的画师，素描基本功夫扎实，揣摩学习西方绘画表现，融入传统国画技术，可谓异军突起。这些外销画有时以五百册之多装箱，用船只自广东输入西方。画作内容开始多以西洋花鸟为主，后来大多反映闽粤一带的民风习俗，譬如纺丝养蚕、端午龙舟竞渡，令人耳目一新，在欧洲颇受欢迎。

由炭画写实素描转入油画（oil on canvas）、水粉纸本（gouache on paper，亦称 bodycolor）、水彩（watercolor）、胶彩（glue color, gum Arabic）绘制领域并不困难，当年广州与港澳一带的本地著名画师便有称为"林官"与"廷官"的两兄弟。这个"官"字广东发音为"卦"（qua），是一种尊称。哥哥叫关乔昌，弟弟叫关联昌，广东南海人。"霖官"就是关乔昌，又名关作霖，人称"林官"；"廷官"就是四弟关联昌，别字关廷高，所以又称"廷官"。"林官"称林而不称霖，是因为当时音译及他自己画上签名又称"林卦"（Lamqua），弟弟就称"廷卦"（Tingqua）。据道光三十年续修的《南海县志》内载，林官（林卦）名"关作霖，字苍松，江浦司竹径乡人。少家贫，思托业谋生，又不欲执艺居人下，因附海舶，遍赴欧美各国。喜其油像传神，从而学习，学成而归，设肆羊城。为人写真，栩栩欲活，见者无不诧叹。时在嘉庆中叶，此技初入中国，西人亦以为奇"。如此一来，林官是如假包换的欧洲留学生了。的确，林官在西方艺

第六章 | 从东方想象到东方印象——林官、廷官与《中国服饰》

自画像,1845年,林官

五十二岁时自画像，1853年，林官

第六章 | 从东方想象到东方印象——林官、廷官与《中国服饰》 157

印度鸦片及布匹商人,1853年,林官

术界的名气比其他中国本地画家大得多。1835 年 12 月 8 日一份名为《广东邮报》（*Canton Register*）的英文报纸，推崇他的油画已表现出"对艺术知识领悟加深，成功把握面部神情特征及惊人的艺术感染力"。同年，他的作品《老人头像》入选英国皇家美术院展出；1841 年与 1851 年，他的人像画分别赴美国纽约及波士顿展出，是迄今最早赴欧美参加展览的中国画家。

但是林官最为人称道的画作不只是这些外销画，而是他为美国来华传教士医生彼得·伯驾（Peter Parker）所绘的一百多幅病人肿瘤图。伯驾本为眼科医生，来华后选定专供外国人经商的地区十三行，以每年五百元租赁一幢三层楼房，作为开设医疗机构的地方，命名"博济医院"，表示遵循耶稣基督博爱精神，以济世为怀作宗旨。由于伯驾医术高明，性格和蔼可亲，后来也诊治其他病症，博济医院成为一间内外全科医院。林官有感于伯驾免费为华人治病，他亦自愿免费画下各种病状。这些病状图成为生动的病历资料，分别保存在耶鲁大学医学图书馆，以及伦敦盖氏医院内的戈登博物馆等地。

林官的侄子叫关韬，约于 1838 年跟随伯驾学医，由于天性聪颖，且好学不倦，数年后即能独立施行常见眼疾手术。林官画有一幅《伯驾与关阿韬看眼科病人》油画（可能广东人惯以小名称呼，所以此画英文标签称关阿韬为 Kwan Ato）。这幅画寓意深远，充满暗示，图中关韬站在一边正在替病人眼睛施药，伯驾医生却坐在一旁好整以暇、手执线装书阅读。桌上摆满中文书籍，想是医书，连地上都是，足见伯驾医生可以阅读中文。墙上有一裱框字画，内写"妙手回春、寿世济人"，上下款为"耆官保书赠花旗国伯驾先生"。宫保为虚官衔，清代各级官员原有虚衔，最高级荣誉官衔为太师、少师，太傅、少傅，太保、少保，太子太师、太子少师，太子太傅、太子少傅，太子太保、太子少保，大臣加衔或死后赠官，通称宫衔，咸丰后不再用"师"而多用"保"，故又别称宫保。耆者，老年而有名望的人，所以林官在这里卖了个关子，用了个虚名。但花旗国指美国，还嫌不够，窗廊外更远处有高塔，近有船只停泊，其中一船桅挂着美国星条旗。

第六章 | 从东方想象到东方印象——林官、廷官与《中国服饰》

伯驾与关阿韬看眼科病人，1840年，油画，林官

水粉画，廷官

水粉画，廷官

关韬能治疗骨折、脱臼等伤病，还会拔牙，首开中国人跟从外国医师学习全科西医的先河，促进西医在中国传播，为后继者树立成功榜样，因此关韬也被称作中国近代第一个西医师。

廷官画馆在本地的名气不遑多让。他参照景德镇分工绘制外贸瓷的生产方式，亦即雷德侯（Lothar Ledderose）在《万物》（*Ten Thousand Things*，2001）一书内所谓的"模件系统"（modular system），雇用大批画工助手，分工绘制广东市井风情成品的某一部分，譬如某人专绘人物、船只，某人专绘树木、风景。廷官绘制好画像后，亦可分工给助手绘描背景。如此一来，绘画成品出产速度陡升，极为一般洋商喜爱，因为他们不必再苦苦等待自己祖国的艺术家如钱纳利等的空闲。

廷官本身人像画造诣不逊乃兄，尤其是袖珍画（miniature paintings，又名细密画）这一类的袖珍画作，很多是画在小块象牙上，更能彰显画者的工笔功力。廷官有一幅半侧面《一个海军校官》象牙袖珍画，仅4寸半×3寸半，显示出他对欧洲人像画传统画风涉猎甚广，这幅半侧面画明显不是钱纳利风格。此外，他的国学工笔底子深厚，现存于皮博地埃塞克斯博物馆（Peabody Essex Museum）

第六章 从东方想象到东方印象——林官、廷官与《中国服饰》 161

钱纳利自画像

林官画的钱纳利

的两幅水粉画《花卉静物》与《鸳鸯》，百花不露白，鸳鸯神仙眷，不逊北宋徐熙。另一幅《浩官伍秉鉴家中庭院》，更是大树婆娑、盆栽处处、亭台楼阁、小桥流水，并以大树为主景切入，出人意料。

这批"官卦"画家，多少亦与以绘画为生活的西方专业画家如钱纳利有商业竞争。林官与钱纳利的专业竞争更明显，林官一直谦逊自持，尊钱纳利为老师，而钱纳利却不认有此弟子，也是趣闻。最有趣的是钱纳利的自画像与林官为钱纳利所画的画像相比，两人功力不相伯仲。

一个海军校官，象牙袖珍画，廷官

林官与钱纳利的关系错综复杂，因为钱纳利刚抵澳门时，就住在英国东印度公司贸易商人费尔安（Christopher Augustus Fearon，1788-1866）夫妇家里，而林官正是费家的家僮，在未出国游学欧洲前，年轻的林官向钱纳利学习并成为他的助手是极有可能的。但钱纳利本人有英国人强烈的西方优越感，很少提及中国油画家的成就，此外，就是与林官后来的职业竞争了。

有研究曾指出林官的人像油画偶有败笔，尤其是手部或下半身，明显是助手所为。那就是说画家有时应接不暇，专心画完人像脸部及上身衣着后，其他由助手完成。林官亲笔签名"广东林卦"的一幅《英国商人》画中人物左手，明显是助手的败笔；而林官亲自为十三行"广利行"卢继光"茂官"（Mawqua）所画的全身清朝官服油画，线条流畅，光线自然柔和，为外贸画经典之作。

其他英国画家譬如布鲁斯（Murdoch Bruce）本身是建筑师，普林赛（William Prinsep）出身贵族世家，法国人波杰（Auguste Borget）及美国水彩画女画家康明丝（Constance Gordon Cumming）等人都能以业余身份畅所描绘。本地"官"画家极有生存空间，在

第六章 | 从东方想象到东方印象——林官、廷官与《中国服饰》

花卉静物,水粉画,廷官

浩官伍秉鉴家中庭院,水粉画,廷官

林官为十三行"广利行"卢继光"茂官"(Mawqua)所画的官服,油画

第六章 | 从东方想象到东方印象——林官、廷官与《中国服饰》

广州十三行，中国佚名画家

短短数十年间，大量绘制，做成外销画的一种半殖民地（semi-colonial）的文化话语（cultural discourse），出人意料，值得注意与研究。

自1774—1840年，明州（宁波）、泉州、上海三口通商相继被撤销后，广州成为中国唯一对外贸易口岸。外商洋行受严格限制，例如外商与中国官府交涉，必须由在广州的十三行（洋行，或称牙行）作中介，外商不得在广东省过冬，番妇不得入广州，

浩官伍秉鉴，1830年，钱纳利

外商不得坐轿，外商不得学汉文等。又因官办商行，诸多官员贪污舞弊，而十三行价格统一，货不掺假，不欺诈，有良好商业信用，外商要代办手续，多通过广州十三行的买办。屈大均有诗云："洋船争出是官商，十字门开向二洋。五丝八丝广缎好，银钱堆满十三行。"他们与外商来往更为热络，商务酬酢之余，亦有文化交流。许多留华西方商人的回忆录都会提到关氏兄弟油画及最早一个叫史贝霖（Spoilum音译，他的英文名字大概是洋人起的）的中国画家，亦有谓林官兄弟，有谓林官兄弟的父亲。总之三人关系密切，也可能是林官兄弟的假名化身。只可惜历来美术界、艺术史界都不屑注意这批广东外销画家，如今已难以考证Spoilum的身份。只知道他长袖善舞，作品亦主要是人像画，表现材料也自玻璃画发展到绢画。玻璃画是反面作画，有如鼻烟壶一样，但不用插笔入小壶那般运作，而是在较大块玻璃背面反向作画，玻璃正面遂呈现出特殊效果。

至于为何行商的"官卦"名称如此流行？主要是因为十三行大阿哥"浩官"伍秉鉴（1769—1843），他祖籍福建，是广州十三行怡和行的行主。十三行有四大首富，卢家来自广东新会，潘、伍、

第六章 | 从东方想象到东方印象——林官、廷官与《中国服饰》   167

广州十三行大火，油画，中国佚名画

叶三家来自福建。他们远走他乡，靠着十三行发家致富。2007年4月初，"浩官"伍秉鉴被亚洲《华尔街日报》选为"近千年世界最富有五十人"里六位华人富豪之一。他长期担任十三行公行的总商，又善于与洋人建立良好关系。伍秉鉴还是英国东印度公司最大的债权人，被认为是当时的中国首富，财产有2600万银圆。嘉庆末年至道光初年，伍秉鉴包庇外商走私鸦片，曾遭林则徐多次训斥。1817年，一艘由怡和行担保的美国商船被官府查获走私鸦片，伍秉鉴被迫交出罚银16万两。林则徐封锁商馆，断绝粮、水等供应，伍秉鉴暗中供应给外国人食品和饮用水。1840年6月，鸦片战争爆发时，伍秉鉴和其他行商积极募捐，出资修建堡垒、建造战船。战后，道光二十三年，伍秉鉴曾独自承担《南京条约》中外债三百万中的一百万，朝廷恩赐三品顶戴，同年在广州伍氏花园病逝。谭莹撰墓碑文说："庭榜玉诏，帝称忠义之家；臣本布衣，身系兴亡之局。"其人可谓极富传奇色彩，钱纳利为他绘制的肖像已为外贸画的经典之作。鸦片战争后的《南京条约》规定，广州行商不得垄断贸易，

中国商人，油画，史贝霖

第六章 从东方想象到东方印象——林官、廷官与《中国服饰》

浩官伍秉鉴,廷官

开放五口对外通商，十三行不再拥有外贸特权。鸦片战争让十三行遭到前所未有的冲击，居十三行之首的怡和行，更失去它的优先权，无复当年的盛况了。1822年，广州十三行街晚间大火，火光冲天，据传行内存放的四千万两白银化为乌有，史称"洋银熔入水沟，长至一二里"，有佚名油画《广州十三行大火》一幅为证。（见167页图）

广东顺德才子罗天尺恰好月夜珠江泛舟，不期然地在江上目睹了这次大火，触目惊心，赋有长诗《冬夜珠江舟中观火烧洋货十三行因成长歌》一首，颇堪一读：

广州城郭天下雄，岛夷鳞次居其中。
香珠银钱堆满市，火布羽缎哆哪绒。
碧眼蕃官占楼住，红毛鬼子经年寓。
濠畔街连西角楼，洋货如山纷杂处。
我来珠海驾孤舟，看月夜出琵琶洲。
素馨船散花香揭，下弦海月纤如钩。
探幽觅句一竿冷，万丈虹光忽横亘。
赤乌飞集雁翅城，蜃楼遥从电光隐。
高如炎官出巡火伞张，旱魃余威不可当。
雄如乌林赤壁夜鏖战，万道金光射波面。
上疑尧天卿云五色拥三台，离火朱鸟互相喧。
下疑仲父富国新煮海，千年霸气今犹在。

笑我穷酸一腐儒，百宝灰烬怀区区。
东方三劫曾知否？楚人一炬胡为乎。
旧观刘向陈封事，火灾纪之凡十四。
又观汉史鸢焚巢，黑祥亦列五行态。
只今太和致祥戾气消，反风灭火多大燎。
况云火灾之御惟珠玉，江名珠江宝光烛。

扑之不灭岂无因，回禄尔是趋炎人。

太息江皋理舟楫，破突炊烟冷如雪。

当年乾隆开博学鸿儒，罗天尺因年老未再参加，以诗酒闻世，这首长歌写得非常好，道尽十三行金银珠宝繁华地，诗中最后四句更画龙点睛，"回禄尔是趋炎人"话中有话，意在言外，可圈可点。

话说回来，这批一度曾利用中国贸易的商机影响 18—19 世纪欧洲国家的"官卦"画家或默默无闻的画工们的贡献又在哪儿呢？很明显，在摄影尚未流行前，画术无疑是保存历史、传递文化的良好工具，尤其是人像画，主角本人便已蕴含极丰富的历史背景与故事。譬如香港殷富家族出身，出洋受英式教育，回来在有利银行（The Chartered Bank of India, London and China）工作，并受英皇封爵的韦宝珊爵士（Sir Boshan Wei Yuk, KCMG, 1849-1921），就有一幅半身油画，极为传神逼真。韦宝珊幼年在家中学习汉学，历时十年，后来入读香港首间官立学校中央书院（现称皇仁书院），当时校长是史钊域博士。在 1867 年，时年十八岁的韦宝珊在家人安排下，前往英国留学，入读英格兰莱斯特的斯东尼盖尔学校（Stoneygate School），一年后（1868 年）升读苏格兰大来学院（Dollar Academy），四年后毕业，1871 年学成返港前曾在欧洲游历。他是近代首位留学西欧的华人学生之一，自他以后，留学西方渐渐成为东方华人家庭子女升学的主要途径。韦宝珊是香港早期少数热心参与社会公职的华人，早于 1882 年 2 月 17 日就被港府委为非官守太平绅士。1880 年，韦宝珊当选东华医院总理，到 1887 年出任该院丁亥年主席，后与刘铸伯在 1907 年成功协助何启爵士建立广华医院，并出任该院倡建总理。另一方面，韦宝珊亦曾参与成立保良局，保护被迫为娼的妇女，并促使该局在 1882 年成为法定组织，他本人于 1893 年获选为保良局永远总理。

以上一幅韦宝珊的半身油画，就可以追踪出许多中西近代史事迹，如能把当年这些中外达官贵人油画的身份事迹还原公之于世，

《中国服饰》中的《锔瓷工匠》插图

一定能搜获不少珍贵史料。至于港澳当时当地的景物,时过境迁,那些消失了的寺庙塔楼早期风貌,也皆需这些画作来提点过往沧桑。

除此以外,欧美两洲对东方或中国文化的印象,从最初的好奇到后来的虚心学习,除了外贸商品如瓷器、纺织品、漆器、家具等输入刺激外,外销画作在民俗、景物方面的描绘叙事(尤其设色纸本册页画 colored leaf albums),完整提供给欧洲早期狂野想象的"中国风"另一种民间淳朴生活写实的一面。最难得的是描绘许多地方景物时,画师采用的油彩材料及表现技巧,均是西方典型手法,并非依靠什么"神秘东方"或"野蛮中国"的题材来取悦西方。

说到取悦西方,就要提到 1800 年及 1801 两年间,英国陆军少校梅逊(Major George Henry Mason)在伦敦出版了两本图文并茂的画册。第一本是《中国服饰》(*The Costume of China*,1800),此书内含威廉·亚历山大的中国插图,2011 年 9 月与其他十一本服饰

《中国服饰》中的《造箭矢工》插图

《中国服饰》中的《灯笼饰工》插图

《中国服饰》中的《弹棉花工匠》插图

《中国服饰》中的《铃鼓舞者》插图

《中国服饰》中的《妇女绣靴袜》插图

册页合订本曾在佳士得拍卖，得标价 11,250 英镑。另一本画册则是《中国酷刑》（The Punishments of China，1801）。两本书的图画都是蒲官绘制（Puqua 画师描绘），蒲官画风秀丽，采用西方透视、晕散（chiaroscuro）的手法，更糅合国画的线条勾勒。《中国服饰》虽说是描绘中国服饰，其实却是呈现中国社会各行各业的人群，包括许多民间风俗习惯，西方人前所未见，真是看得津津有味。譬如有一幅《妇女绣靴袜》（A woman making stockings），描述中国男人穿着棉靴袜盖的习惯，而坐在桌前拿着针线绣靴袜的女子，她身上衣着、黑色髻发、三寸金莲都被清楚描述，并着意批评缠足恶习使妇女行走不便，有违自然之道。其他图片尚有《铃鼓舞者》（A Tambourine）、《造箭矢工》（An arrow-maker）、《灯笼饰工》（A lantern-painter）、《锔瓷工匠》（A mender of porcelain）及《弹棉花工匠》（fluffing cotton worker），皆生动写实，配上说明文字，牡丹绿叶，相得益彰。

至于《中国酷刑》更让西方读者大开眼界，全书含二十二张彩色插图，每张插图均有详尽英文、法文注解。书为 10.5×14 英寸大型开本。封面套皮深红色，烫金，精美异常，原版已为古版稀本，价格高达三千美元。

梅逊也许去过中国，也许没有，但可以肯定的是他向广州的蒲官画师长期订购绘画，蒲官亦照他的订单作画。至少，弗洛伊德（Sigmund Freud）的心理学或福柯（Michel Foucault）文化研究是对的，无论是虐待狂或自虐狂，西方人对中国酷刑特别感兴趣，的确中国成语的"碎尸万段"或刑罚的"凌迟处死"，都反映出人性残暴的一面，而因许多刑罚譬如斩首与西方相同，更似曾相识。《中国酷刑》中二十二张彩色插图均由蒲官绘制，代表中国二十二种刑罚，同时配文字详细解释如何执行。这些刑罚包括：

1. 衙门见官。
2. 锁链绕颈入牢。一官在前提链拖行犯人，一官提刀押后。

《中国酷刑》13：上枷锁（左图）　　　《中国酷刑》21：绞刑（右图）

3. 犯人两耳插小红旗打锣游街。

4. 笞跸（bastinade，板子 pan-tsee），但不是打脚掌，而是臀部。

5. 拧耳刑。强扭两耳软骨处。

6. 倒吊荡秋千。犯人头下脚上反缚吊着成 U 形，笔墨伺候，等待招供。

7. 捆打船工划手。这是对水手的一种特别惩罚。

8. 竹板夹腿审问通译，尤其对他们奸诈误译的处罚。

9. 夹双脚踝（据说古罗马帝国亦有相同刑具）。

10. 夹指刑（据云多用于妇女招供）。

11. 以柠檬汁灼眼。

12. 拴在铁柱上示众。

13. 上枷锁。

14. 拴在大木桩。

15. 关入笼子。

16. 竹管锁颈刑。

17. 挑断脚筋（据说用来处罚逃犯）。

18. 禁闭。犯人颈部、手脚均被铁链锁在长椅上，动弹不得。

19. 流放外地。

20. 押往刑场。

21. 绞刑，用作处决重罪犯人。（此段描写深具"中国风"风格，内云如佩戴珍珠亦算重罪处死，作者又卖个关子自谓未确定如此，尚有待有心人查证。）此外，皇帝亦有赐绫绢处绞臣子，可得全尸，以示恩宠。

22. 处斩，此乃中国最重刑罚，例如犯有谋杀、叛君等罪行。据原始野蛮人俗例（custom of primitivebar barians），刽子手均从下级普通兵士选出，但其刀法利落，刀过头落，接着在大街树头悬首示众数日，尸身则抛弃阴沟。犯人重罪立斩，轻者秋后处决。据云仁君很少处斩犯人，不得已者，他也要斋戒数日，以示上天好生之德。

由此看来，除了上述一批成名的"官卦"外，许多名不见经传的外销画佚名画工对提供西方人详细的东方印象实是功不可没。除了人物描绘外，许多描绘广州、澳门、香港等地风土的绘画叙事（narratives）力极强，实是篇篇无声的动人的故事。且看两幅佚名画师的油画《道观前》与《树下音乐会》，两幅表现手法相近，似是同出一人手笔。但见《道观前》有三名妇女正下轿上香，身份大概为年轻妇人、女儿及佣仆。道观前有一副对联，上写"阆苑清风仙曲妙，石潭秋水道心空"，横匾另有"三元宫"三字。主题是这年轻妇人正被旁边两名分别持折扇及鸟笼的登徒子打量评品，然而所有旁人漠不关心，轿夫自己乘凉打点，观前一角茶座上的客人聊天饮茶，小厮扇火煮茶，小狗两条厮混，香客进出观门。各人自扫门前雪，那是中国人明哲保身之道。

另一幅《树下音乐会》饶富野趣，就像每一个夏天，黄昏时有一群志趣相投的乐友群集在树下玩奏乐器，有扬琴、二胡、洞箫，还有人拍板唱词，旁边站着一群听众，有妇女听得津津有味，有汉子不耐伸手打哈欠。背景是一排屋宇伸展出去，鳞次栉比，尚有通

第六章 | 从东方想象到东方印象——林官、廷官与《中国服饰》 181

道观前，油画，佚名

树下音乐会，油画，佚名

第六章 | 从东方想象到东方印象——林官、廷官与《中国服饰》 183

叶子戏,油画,佚名

花窗楹。右下角一弯水塘，塘角一群不太显眼的小黑毛猪，另一边近水楼台，上有瓜棚，蔓藤小花。时已近晚，妇女们站在门口观看，像遥听南音，也像悠闲无所事事。

尚有一幅《叶子戏》极能表现清末大宅旖旎风光，画景为宅院内厅，一男四女，妻妾妯娌，成群难作分辨，玩着似马吊的小叶纸牌。其中一女想是输家，淘汰出局，也许根本就没参与牌戏，坐在一旁搔首百般无聊；然其他三女牌戏正浓，男子正弯身为正中一女筹量指点如何出牌，耳鬓厮磨，看似体贴，更像调情，其他二女视而不见，当作等闲，其中一女容光亮丽，左手执牌如扇，背后有水烟壶，正是清末民初流行的烟草，她口衔签牌，正要发动，玉指纤纤，腕上两只玉镯，配上耳垂环饰、发髻簪子，艳丽华贵，画中光线亦聚焦在她身上。槛外正有婢女端茶而入，门开处借景，近景牡丹盛开，远处蓝天白云海洋，有翠绿芭蕉一棵。

厅内众人围坐八仙方桌，有矮通花方凳，高长旁几，地有痰盂、圈塔蚊香，房顶有中国灯笼及西洋水晶吊灯一盏，灯后挂着西方油画一幅，内绘傍海十三行夷馆，悬英国、荷兰两国国旗，隐指主人商贾身份，画两旁有对联一副，分别为"不到名山心未快，得通元府骨都灵"。上联尚可理解，下联应为画师对十三行买办的讽刺，意为有办法搞通银圆生意，无往不利。从前粤语音译英语"早安"（Good morning）为"骨摩灵""骨都灵"。

如能细心阅览这些画作，可以发现画者叙事中无穷的活泼心思，那些一笔一笔细心描绘的外销画，是另一种视觉叙事，不是一般诗文或摄影所能描述呈现现实的效果之万一了。

第七章

谁是史贝霖？一个广州外销画家身份之谜

艺坛至今仍然无人知悉18、19世纪初一个名叫史贝霖（Spoilum）的中国油画家为谁。美国麻省理工学院"视探文化"（Visualizing Cultures）计划公开课程里，耶鲁大学历史系教授帕度（Peter C.Perdue）撰写了一篇有关1700—1860年中国的文章——《广州贸易系统的兴衰》（"Rise and Fall of the Canton Trade System"），提到中国外销画不算中国国画传统主流，画家们只为广州行商及洋人绘画谋生，这些画家很快便能吸收西方油画技术并摹绘西洋画家画作，其中最出名的就是史贝霖，一般人都把他的中国名字附会为关作霖，那是另一外销画家"林官"的中文名字。

但此人并非虚构或传说，现存画作签名显示确有其人，确于1774—1805年间活跃在广州行商圈子，画作风格娴熟多变，从玻璃画到肖像油画，再到英、美郊区山庄风光描绘，无一不能，也就因为如此，画作水平参差不齐。由于外销画由船商携回西方存留甚多，此类画作常在早年从事航运的英美商人或船长旧宅被发现。新英格兰的麻省塞勒姆市（Salem, Mass.）曾是北美繁荣港口，从中国携回的外贸瓷、外销画极多，难怪此地的皮博迪埃塞克斯博物馆（Peabody Essex Museum）对中国外贸瓷、画作收藏特别丰富。

对18、19世纪初的中国贸易素有研究的美国东方艺术学者考斯曼（Carl L.Crossman）在其洋洋数百页大著《中国贸易的装饰艺术》（*The Decorative Art of the China Trade*, London, 1991）前三章不厌其烦详细考证这批外销画家的作品风

传为史贝霖玻璃画，画于1795年前之荷兰裔母女

《英国船长》，史贝霖画于 1774 年，玻璃画反面绘制。史贝霖的玻璃画风格平板，早期玻璃肖像画仍明显带有中国画师传统玻璃画那种装饰意味

格，第一章开宗明义指证史贝霖不可能是关作霖（林官），因为史贝霖1805年已不见画作出现，而关作霖（Lamqua林官）在广州开店时为嘉庆中叶。香港大学艺术学系教授万青力在其《并非衰落的百年——19世纪中国绘画史》一书内亦呼应考斯曼的看法，认为史贝霖早在1774年已在羊城设肆，"最初是玻璃画的画师，后专作油画肖像，至1803年，已经是技术相当纯熟且有30年经验的画师"。万青力继而指出史贝霖的玻璃画风格平板，早期玻璃肖像画仍明显带有中国画师在传统玻璃画中呈现的那种装饰意味，缺乏局部色调与整体色调的调和与统一。然而，"他的作品在18世纪90年代中期，风格发生明显变化……可见其晚期作品已经完全摆脱了东方人的痕迹，而达到了与美国肖像画家们相当近似的水平"。

考斯曼在第一章亦指出这个广东独行侠画师油画风格非常"诡异"（他用了一个非常弗洛伊德的字眼uncanny），与美国18世纪几位油画家如詹尼斯（Jennys）、布瑞斯特（Brewster）及布朗（Brown）相同，运用油画技巧的"初步轮廓"（underdrawing）描绘出油彩的湿淡肌理，然后在肌理加强色彩与线条的刻画描绘。这种画法与上面美国画家风格同出一辙，怪不得学者们都纳闷史贝霖究竟是否来过美国。

19世纪中国油画家能到西方者少得可怜，芸芸广东外销画家中，就以林官"学历"最深，他当年"思托业谋生，又不欲执艺居人下，因附海舶，遍赴欧美各国。喜其油像传神，从而学习，学成而归，设肆羊城。为人写真，栩栩欲活"。文献中有记载外销油画家留美者，亦唯林官一人而已。

然而以史贝霖及其他外销画师的资质，触类旁通，只要有人提供

《华盛顿突袭特伦顿》，1796年，特朗布尔

《强渡德拉瓦河》，1819年，Thomas Sully

样本数据，他们自能摹绘出以西方油画技巧表现东西方题材的画作。史贝霖有一幅作于1800年67.3×46.3cm大型油画《白马将军华盛顿》，证实了他的油画天分与深厚功力。这幅根据美国新古典主义画家约翰·特朗布尔（John Trumbull）1796年的《华盛顿突袭特伦顿》（George Washington at Trenton）画作，后在伦敦制成铜版刊出样本，被史贝霖摹绘成难分伯仲的上乘画作。华盛顿将军于1776年12月26日圣诞夜渡过德拉瓦河，突袭新泽西特伦顿市的英军，大获全胜。原画取材于这个史实，绘制了华盛顿胜利后的场景。在战场上，华盛顿右手持望远镜，左手倚剑，身穿淡黄衫裤及深蓝外套，踌躇满志。史贝霖改绘后，华盛顿衣着大变，雪白衣衫裤衬上黑色长靴，

第七章 | 谁是史贝霖？一个广州外销画家身份之谜

《白马将军华盛顿》，史贝霖

哈斯堪（Ralph Huskins）画像，油画，史贝霖

美国商船Eliza在日本海峡遇上台风倾颠，传为史贝霖油画作品

佩上白色骏马，蔚蓝外套肩上金色垂穗，神采飞扬，更增威武。如果拿这两幅作品比较，无论透视、晕染、色调、肌理还是神采，史贝霖技巧更灵活而胜一筹。可惜终是摹绘，落入逼真模仿，而缺原来神韵。至于考斯曼执意强调此画仍有玻璃画意味，不过只是要认定作者为史贝霖而已，不必在意。

如前所述，史贝霖于1800年后油画技艺突飞猛进，已非当日玻璃画匠可比，许多西方山水田园、航海传说、战船、轮船，都画得淋漓尽致，有如出自西方画家之手。至于东方题材的庭院与中国行商生活写照，更受西方买主欢迎，因为即使东印度公司高级人员，也甚少被邀请到广州市或珠江对岸的"河南"豪宅做客，据云当年广州潘宅便有五十个妻妾住在一个玻璃房子里，这些画作恰好满足了西方人对神秘东方的好奇。

但是史贝霖是谁这个谜团一直没有解开，这是一个奇怪现象，无论作者如何隐晦，买卖过程中买家不大可能不了解他们的购买商品及制造商。同样，在漫长的画作交易过程里，买家不可能不知道替他描绘的画家为谁？唯一的解释就是：他们知道，但不放在心

传为史贝霖画作《美国万国旗轮船》

第七章 | 谁是史贝霖？一个广州外销画家身份之谜　　195

船员劫后余生回乡述劫，1800年，史贝霖

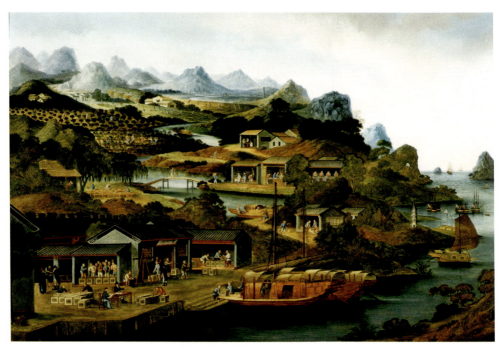

传为史贝霖1790—1800年间画作《茶叶出产输出》

传为史贝霖1830年画作《药材店》

传为史贝霖1807年画作《衙门外》

上。他们要的是画，不是画家。最著名例子就是美国麻省商人哈斯堪（Ralph Haskins of Roxbury, Massachusetts）在其1803年广州写的日记："刚好有一个空档，我就去找Spoilum坐上两个小时给我绘像，他每幅画收十块银圆，生意兴隆，技艺纯熟令我吃惊。"观诸Spoilum为哈斯堪所绘59×45.7cm的大型半身油画肖像，两小时能捕捉其发型、面部特征、神采而成画作，也许修饰时间另算，但如不是技艺高超，实在难以想象。另外这篇日记至少证明了一点，Spoilum确有其人。

美国船长福比斯（Robert Bennet Forbes）亦曾记载，上司需多要一幅肖像，而又不堪被钱纳利折磨长坐画绘，终于待钱纳利画成后赶紧拿去林官处存放，悬挂数天，不用真身本尊，数日后取回另一幅自己的肖像。由此可知，在画者方面，无论Spoilum或林官，他们的基本生活态度是售画谋生，并不大计较自己是谁及其作品艺术价值。

目前，我们只能从一些有限的画作签名知道Spoilum就是史贝霖（后来的中文音译），有时也签作Spillem, Spilum, Spoilum。因为粤语发音"林、霖"（lum或lam）同音，因此林官便被联想成

传为史贝霖1807年画作《衙门内》

Spoilum，但是，林官生于1801年，与史贝霖得意杰作成于1800年（如《白马将军华盛顿》）年代相悖，无法理解。他也曾被揣测为Spoilum的儿子或门徒，但无济于事。在目前许多Spoilum签名或不签名的画作里，陡然增加了鉴别与欣赏者的想象空间。那些有名有姓的画作固然可以"定"（by）为Spoilum所作，但更多无名画作更可"传"（attributed to）或"疑"（probably by）为Spoilum的作品。雄才伟略的学者们更可在Spoilum"定、传、疑"的传世作品里编列组合出一个中国画者的生平及作品。

但是在那些中国衰落与兴盛的年代，是非黑白难分，这批生逢乱世的南方职业画师，这些诞生于西方海上霸权、中国风、中国贸易的"话语"（discourse），既没有刘海粟1987年5月在北京《中国美术报》内所推崇为"新画派的奠基人"的实力，他们的画作也不见得如此简单被陶咏白（1988年《中国油画》序文）、水中天（1991年北京《美术史论》第三期）归类为"带'洋味'的中国风情画"。他们有点像鲁迅笔下的"孔乙己"，穿着长衫在咸亨酒店的短衫群中喝酒。

那么，我们又能如何替Spoilum争取更准确的定位与评价呢？

后记

中国风动·幡然醒悟

2012年秋季，我在南加州大学东亚研究所新开一门"Chinoiserie—中国风与外贸瓷研读"的文化研究课程，利用视觉文本来诠释近代东西文化接触与交流、误解与了解、海洋与陆地、贸易与殖民的种种细节差异。本来要开一门新课，必须呈送学校课程委员会，更要相关院系加签准许，以免误闯人家的研究领域。如果误闯了，就叫"捞过界"（encroachment of territory），要撤回修改后再送，那是层层关卡、扇扇衙门、外行充内行、有理说不清之事。为了节时省事，我用了系内一个高级文学研究课程及课号，再加上"中国风与外贸瓷研读"的副题，研究生自会按图索骥，选修到这一门课。

上面事件显示出两种情况：第一，许多东亚系（或中文系）研究所现设的专业文学课程，已不够应付势不可挡的跨学科研究（interdisciplinary studies），书写文本亦不足概括所有意义或含义，如能放在一个较大文化研究层面，便会牵涉到视觉、物质文本，以至历史与思想史；第二，以一个资深或接近退休的教授而言，系所现设的课程本来就代表或部分代表他多年研究的成果与动向，如另辟新课，那就可能是两种心态，一是自寻烦恼，二是像伍子胥心情，"日暮途远，吾故倒行而逆施之"。

庆幸两者都不是，有情众生，烦恼够多了，岂能一寻再觅？倒是日暮途远有点近似学海无涯之意。一个学者或创作者的成就，不在于他的完成，而在于永不穷尽的追寻与发现。一颗活泼的文心，就是不甘心。课程进度表是按照这书完稿后的一部分大纲设计出来的。所谓大部分是指本书原计划下半部谈外贸瓷，结果由于中国风牵涉太广，从17世纪直落19世纪，更因19世纪的中国贸易（China Trade）除了出口茶叶、丝绸、香料、瓷器外，还包括大量中国民俗水彩、粉彩、树胶彩画，这些画作分别绘制在通草纸、宣纸、油布、玻璃上，让中国风从早期故意的误读，转变为向东方学习并认识真正的东方。更令人惊愕的是，除了西方人船坚炮利，以及医学、宗教、教育开启带动中国民智思想与科技知识外，中国人也在艺术绘画上接受了西洋画法的透视法，以及在植物科学基础上要求的鱼禽花鸟科学绘图制作。这种中西文化的紧密互动，让一生从事比较文学研究的我，一时瞠目结舌，兴奋莫名。

于是当机立断，课程上虽然尽量延伸至外贸瓷的民窑特性，以及德国麦森（Meissen）白瓷彩瓷的崛起、欧洲瓷国群雄并列、转印瓷（transferred wares）大量复制，让研究生进入一种宏观的文化影响比较。外贸瓷的衰落，不只代表航运与科技知识的超越，更指向西方瓷器文化艺术的兴起、自给自足，形成每一个欧洲瓷国民族传统的传承。

荷兰商人监督称茶叶或香的情况，1780，35.5×30cm，胶彩画，奥地利国家图书馆藏

我本科专业是英美文学，但不知不觉已伸展入中西艺术文化，虽是互相牵连，但由于牵扯太大，开始像一个大学生那般从头学习艺术史，譬如巴洛克（baroque）与洛可可（rococo）本来在欧洲文学也有所涉猎，甚至当年在西雅图华盛顿大学比较文学研究所修过一门"巴洛克诗歌研究"（Studies in Baroque Poetry），与17世纪的中国玄学诗人（metaphysical poets）相互比较，更与美国的汉学家一样，认同唐代诗人李商隐为巴洛克诗人；但在艺术史上如何从华铎（Antoine Watteau）与布欣（Francoise Boucher）的画作理解欧洲的中国风风味，以及他们的误读或故意误导，却是需要阅览群书后形成自己的思维。

家中邮箱又重新变成门庭若市的书店，亚马逊不在话下，遇到许多绝版的稀本书更不耻下问，在网络二手书店也可买到，但说也奇怪，有些精明书商好像胸有成竹，知道有些书有些人非买不可，价钱一点也不手软，更毫无商洽余地，这些书商有些远在东南亚、印度或英伦等地，邮资不菲，更是费时，但所谓千金难买心头好，收到书后那种急于翻阅的喜悦，以及规划日后如何分批阅读应用于书稿，笔墨无法形容于万一。

后　记　│　中国风动·幡然醒悟

瓷器画工在其作坊中绘饰茶罐情景，18世纪，胶彩画

于是，我开始发觉，寻求知识是我的解忧良药，书写是我的青春秘方。只要一天不停止阅读书写，一天都是一个汲取知识的青春少年郎。在欧洲漫游时碰到一些手拿地图与背囊年轻人（有时在火车上也会碰到同样的老先生老太太），更有在博物馆专心聆听讲解或观赏的旅者，这些人与年龄无关，我有时觉得，这些人比一些无所事事的中年人或一事无成的伪学者、行政人员更年轻有为。真的，知识就是青春的泉源，也就是我完成《中国风》一书的动力。

2013年夏天，我和南加大比较文学系同事狄亚士（Roberto Diaz）教授〔他同时也在西葡语文学系（Dept.of Spanish and Portuguese）任教〕合开了一门出外游学的"无国籍疑难杂症"（Problems without Passports），有点像"无国籍医生"（doctors without borders）夏天到贫瘠国家进行义诊。我们把十二个学生带往香港、澳门，边走边上课，同行还有一位比较文学专业的助教，也是修读我"中国风"课程的学生之一——李安娜，她在台湾出生但却在巴西长大，后又移居纽约，所以会说地道的葡、西、英、汉语，澳门对她来说，比非洲的刚果或莫三鼻给更具文化吸引力。我们除了饱览香港艺术博物馆收藏的19世纪中国南方通草纸画及油画真迹，还有机会追踪殖民主义国家在各地的建筑或街道遗迹，尤其是澳门各大巴洛克或洛可可风格教堂，不只是大三巴的圣保罗大教堂，就连远在路环的圣方济各沙勿略小堂（Chapel of Saint Francis Xavier）也深具融西入中的中国风面貌。澳门是保留当年葡萄牙占领时期风貌最完整的一个中国市镇，回归前饶富中国南方风味，回归后却摇身一变而成极具葡萄牙饮食建筑风光的美丽小镇。有了对中国风的认识，我一步步引导学生在博物馆观赏西方画家留澳作品，包括名重一时的钱纳利（George Chinnery）的油画及素描，还带他们到白鸽巢公园附近一访基督徒墓园，瞻仰钱纳利的墓碑遗址。

如前所云，当机立断之余，把外贸瓷切开，并停止于19世纪中国向西方输出的"外贸画"（export painting），塞翁失马，焉知非福，本以为舍此拾彼，怎知无心插柳柳成荫。我开始对存有仅一百余年的通草纸画产生浓厚兴趣，并稍购集，发觉这类画作竟是一种独特艺术文类（genre），无论内容或技巧都独具一格，传承与创新兼备，许多无名画家都是清末一时俊彦，自成一派，可称"南方画派"，或因东印度公司的大量订购而被拍卖行称为"公司画派"（Company School）。这些资料成为我下一本专著《帆布与通草——19世纪中国绘画》的蓝本。

在视觉文化研究方面，《中国风——贸易风动·千帆东来》代表《瓷心一片》及《风格定器物》两书后的一个新方向，在文化艺术层面系统探讨西方人如何从误解东方到了解东方，东方人如何从拒绝西方到接受西方。

这书也是我从东西文学、宗教、哲学与历史研究一路走来的产品。2000年，香港城市大学出版社出版《利玛窦入华及其他》，原意不仅是梳理基督文明入华的历史，而是想建立一个"前五四"传统。这方面与李欧梵的见解可谓"莫逆于心"，他对五四研究的层面极广，前推晚清，后入"鸳鸯蝴蝶"，我也一直觉得五四文学运动不应始自1919年，应该前推向洋务运动、西书中译、鸦片战争，甚至到明末万历年间耶稣会士利玛窦入华。利玛窦把宗教真理附会科学真理，从而取得中国君主的信任。这一研究方向一直做到清末小说和中国新小说的兴起，以及西方自然主义优胜劣败、适者生存理论对鲁迅等人小说的影响。在这一阶段，我的研究又有分歧，由于多年对南中国海沉船海捞瓷与外贸瓷的注意，以及西方海上霸权兴起与贸易，我希望能借文物诠释艺术与历史。也就是说文物的产生，不只是历史事实。它为何产生？牵涉政治、历史、文化、考古、艺术等因素。但又不想单从书写文本入手，想从艺术史的视觉及物质文本来检视中国风这段历史话语。欧洲路易十四天威鼎盛与亚洲康熙皇朝是一个适合的中西交汇点，欧洲三桅炮船自地中海驶出大西洋，绕过好望角来到印度洋，威逼利诱，到处殖民，正是后来林则徐奏折描述的"此次士密等前来寻衅……无非恃其船坚炮利，以悍济贪"。虽然最初达伽马（Vasco da Gama）打着东来的旗号，只是寻求香料与基督徒。

本书架构分为三面：第一面叙述欧洲中国风起源与艺术传承，对东方误解可说是萨依德（Edward Said）的"东方主义"（Orientalism）最早发轫；第二面叙说西方开拓贸易同时，借两大古国印度与中国来认识东方，譬如聚焦东印度公司这个官商团体、英使马戛尔尼（George Macartney）使华的礼仪争论；第三面为对中国风末期的认知，讨论西方画家亚历山大、钱纳利及其他画者如何亲身在华体验生活，绘出真正的中国风味作品。18、19世纪中国画派（Chinese school）的蓬勃兴起，带给西洋人崭新的东方视野，至今在英美两国余波不绝。这三面支架，构成一个完整三角形中国风时尚。

我如此"勇敢"用功学习不懈与书写，原因还有何政广先生多年对我的宠重厚爱，如良马之遇伯乐，让我在艺术世界恣意驰骋，闯出一张系列疆域地图，汗水如血，日行千里，在此深深感谢。政广兄不只细阅文稿，还悉心寻找更多适合图片来配搭文字，锦上添花。如果没有"艺术家出版社"精彩的美工设计与彩色印刷，光是文字阅读，犹如盲人摸象，如石如杵、如瓮如绳，各自不一。只有文字配合图像，方窥全豹。

为什么标题有幡然醒悟四字呢？那是指多年厌恶学院本位主义之余，研究撰写中国风时，幡然醒悟于自己的归属或无从归属。在学院里，如果被认定是一个文学人（大不了是一个文化人），就不是艺术史人、考古史人或历史人。当然这是别人认定，我不在乎，我行我素，我是一个文艺复兴人，一个漂泊者，没有家，四海为家，学术的归宿亦如是。

《中国风》一书完成于先母旧居"逸仙雅居"，那是我精神生活的避风港，没有远山积雪，也没夜县来访，许多冷寂良夜，清风不来，明月未照，只有一颗炽热的心与檀炉余烬氤香，跃动闪烁。这就是完成这书的许多平静、静穆、寂静无声的夜晚，神游物外，风动帆来，有一点喜悦，一点自豪，一点宁静。

记于台北医学大学　2014.4.12